Carl von Eckartshausen *Wege zum Glück*

Carl von Eckartshausen

Wege zum Glück

MAGIE IM ALLTAG

Neu ans Licht gebracht von

K. O. Schmidt

DREI EICHEN VERLAG

D–8300 Ergolding

CIP-Titelaufnahme der Deutschen Bibliothek

Eckartshausen, Karl von:
Wege zum Glück: Magiè im Alltag /
Carl von Eckartshausen.
Hrsg. von K. O. Schmidt. –
2. Aufl. – Ergolding:
Drei-Eichen-Verl., 1990
(Heilwissen für jedermann)
ISBN 3-7699-0500-8

ISBN 3-7699-0500-8
Verlagsnummer 500

2. Auflage 1990
Druck und Bindung: Ebner Ulm

Inhaltsübersicht

Einleitung:
Eckartshausen und die Wiedergeburt der Magie . . . 7

Carl von Eckartshausen 9
Illuminaten 12
Eckartshausen und die Magie 15
Magie einst und heute 16
Wirkungsbreite der Magie 18
Magie = angewandte Gedankenkraft 21
Magie als transzendentales Wirken 26
Magie und Religion 28

Geheim-Wege zur Glückseligkeit 34

Tiermensch oder Geistmensch 37
Der Mensch — Gestalter der Zukunft 41
Jeder ist berufen! 44

Natürliche Magie 47

Theosophia und Anthroposophia 50
Macht der Gedanken 53
Wesen und Nutzung der Einbildungskraft 55
Auf dem Wege zur Selbstmeisterung 59
Die Universalkraft der Liebe 62

Das Geheimnis des Menschseins 64

Vom Sinnlichen zum Übersinnlichen 66
Der Intuitionssinn 68
Die geistigen Welten 71
Jenseits des Todes 73

Die Glücks-Formel 76

Wege zur Glückseligkeit 78
Weisheit der Mysterien 79
Geheimnis der Wiedergeburt 81
Wesen der Weisheit 83
Die frohe Botschaft Jesu Christi 86
Sinn der Religion 88
Die Unsichtbare Kirche 91

Weitere Werke des Verfassers 95

Eckartshausen und die Wiedergeburt der Magie

»Wie sich Verdienst und Glück verketten,
das fällt den Toren niemals ein.
Wenn sie den Stein der Weisen hätten,
der Weise mangelte dem Stein.«

Goethe

»Für den stillen und ruhigen Beobachter ist kein Jahrhundert merkwürdiger als das gegenwärtige: Überall Fermentation und Gärung, im Geist wie im Herzen der Menschen. Überall Kampf des Lichts mit der Finsternis, Kampf der toten Ideen mit den lebendigen, des toten ohnmächtigen Willens mit der lebendigen tätigen Kraft, Krieg des Tiermenschen gegen den kommenden Geistmenschen . . .

Man sagt zwar: wir leben im Jahrhundert der Aufklärung. Richtiger wäre es, zu sagen: im Jahrhundert der Dämmerung. Dort und da bricht ein Lichtstrahl durch den Nebel der Finsternis, aber noch erleuchtet er Vernunft und Herz der meisten nicht. Die Menschen sind über ihre Begriffe nicht einig, die Gelehrten zanken sich, und wo Zank ist, ist noch keine Wahrheit.

Erstaunlich viele Menschen befassen sich mit geheimen Wissenschaften, und der Hang zum Absonderlichen ist außerordentlich verbreitet.

Alles sucht Aufklärung und Weisheit, sehnt sich nach Gewißheit und Glückseligkeit; aber der größte Teil der Menschen sucht sie auf Um- und Abwegen und darum vergeblich . . .

Es gibt nur einen sicheren Weg zur Weisheit, den jeder wahre Weise geht: es ist der Weg der Vernunft und der Liebe — nicht der Selbstliebe und Liebe zur Welt, sondern der Liebe zu Gott und zum Nächsten, der den Geist aufwärts führt und ihn der Gottheit nähert.

In der Befolgung dieses Weges liegt das Geheimnis der wahren Magie: je mehr der Mensch sich der Gottheit nähert, angleicht und eint, desto wirkender wird seine Kraft, desto stärker sein Einfluß auf die Umwelt, desto größer seine Glückseligkeit.«

Der diese Worte schrieb, die so treffend den gegenwärtigen Zustand der Menschheit kennzeichnen, war kein Kulturkritiker unserer Tage, sondern ein *Illuminat* des vorigen Jahrhunderts, dessen Namen heute kaum ein Lexikon nennt und dessen Werke selten in einer Bibliothek erhältlich sind: *Carl von Eckartshausen.*

Seine Bedeutung besteht darin, daß er als einer der Ersten in der *Magie,* die in ihren mannigfachen Erscheinungsformen — als Aberglaube und Esoterik, Psi und Parapsychologie, autogenes Training, Meditationstechnik und Yoga, Okkultismus und Mystizismus — heute immer mehr Menschen beschäftigt, eine mehr unbewußte als bewußte Form der Anwendung der *Imagination,* der Gedankenkraft und Glaubensmacht, erkannte.

Zugleich gab er mit seinen Schriften den Kerngedanken der damaligen *Illuminaten* eine klassische Form.

Wer war Eckartshausen und was wollten die Illuminaten?

Carl von Eckartshausen

Carl von Eckartshausen wurde am 28. Juni 1752 als Sohn des Grafen Karl von Heimhausen und der Marianne Eckart auf Schloß Heimhausen in Oberbayern geboren. Er studierte in München und Ingolstadt Jura, erlangte früh den Doktorgrad und wirkte acht Jahre im Kriminalsenat neben dem späteren Minister Graf Montgelas als Richter.

1776 wurde er Hofrat, ein Jahr später war er Mitglied der Akademie der Wissenschaften. 1784 wurde er zum Wirklichen Geheimen Archivar ernannt, und von 1780 bis 1793 lag auch die Bücherzensur in seinen Händen.

Sein Heimgang erfolgte am 12. Mai 1803.

Schon früh trat er als Schriftsteller hervor, zunächst mit juristischen, dann mit schöngeistigen Werken — Dramen und Erzählungen — und schließlich mit naturphilosophischen, theosophischen und religiösen Werken. Diese ließen erkennen, daß er stark von der Symbolik der Alchemisten beeinflußt war.

Er wollte Wissenschaft, Philosophie und Religion miteinander verbinden, weshalb es kein Wunder war, daß neben Goethe Novalis, Schelling und Hölderlin von ihm manche Anregungen empfingen.

Eckartshausen war — was zu seiner Zeit selten war und es heute noch ist — ein Selbstdenker und Prototyp selbständigen freien Menschentums. Er besaß die Universalität Goethes und strebte — mit den Erkenntnissen der großen Weltenlehrer in Ost und West vertraut — danach, den *Weg zum inneren Leben* aufzuzeigen, der über die Vernunft führt. Unter ›Vernunft‹ verstand er nicht materialistisch-egoistische Weltklugheit, sondern den jedem Menschen eingeborenen Drang nach Weisheit, nach Erkenntnis des Wesens der Dinge und der Geheimnisse des Lebens.

Heute würden wir statt von ›Vernunft‹ von *Herzdenken* im Gegensatz zum Hirndenken sprechen, das über bloßes Wissen hinaus zur *Weisheit* führt.

Seine philosophisch-religiösen Schriften wurden in viele Sprachen übersetzt, sind aber heute kaum noch bekannt:

1788/1790 erschienen seine »*Aufschlüsse zur Magie*« in zwei Bänden, in denen vieles zeitgebunden war und heute überholt ist, deren Kerngedanken aber zeitlos sind. Ahnungsvoll schrieb er dort: »Ich weiß nicht, ob ich nicht ein ganzes Jahrhundert zu früh schreibe, da ich Wahrheiten behaupte, von denen der einfache unverbildete Mensch richtigere Begriffe hat als die Modephilosophen, die alles verwerfen, was sich ihrem Begreifen entzieht.«

In diesem Werk verwandte Eckartshausen auch als Erster den Begriff »*Anthroposophia*« als Kennzeichnung der natürlichen Magie und der Kunst der weisen Entfaltung und Anwendung der seelischen Kräfte und Fähigkeiten. Er wertete die ›Anthroposophia‹ als äußere Hülle der »*Theosophia*«, der eigentlichen Gottesweisheit.

Zur gleichen Zeit erschienen die »*Mystischen Nächte*«, denen 1793 eine Sammlung seiner Visionen folgte. — In gleicher Richtung wie die »Mystischen Nächte« liegt »*Kostis Reise* von Morgen gegen Mittag« (1794) mit dem Untertitel: »Eine Reisebeschreibung aus den Zeiten der Mysterien, mit wichtigen Bruchstücken der Wahrheit belegt und anwendbar für die Gegenwart und die Zukunft.«

Eine Sonderstellung unter seinen Arbeiten nimmt »*Die Wolke über dem Heiligtum*« (1802) ein mit ihren »*Briefen eines Illuminaten an seine Brüder*« über Dinge, »von denen sich unsere Philosophie nicht träumen läßt«. Die zeitlosen Kerngedanken dieser Schrift sind hier gestrafft zusammengefaßt, vermehrt um Inspirationen aus seinen anderen theosophischen Schriften.

Sie zeigen, daß Eckartshausen, wie er selbst bescheiden bekannte, »keine neuen Wahrheiten verkündet, sondern uralte Weisheit so darbietet, daß sie *gelebt* werden können.« Er schrieb nicht für Neugierige und Sensationslüsterne, sondern für *Wahrheitssucher*, denen es um Erkenntnis und Erleuchtung geht. Diese gewannen damals aus seinen Schriften Halt und Wegweisung und werden beides auch heute darin finden.

Der *Illuminaten-Orden*, dessen Gedanken Eckartshausen in seinen Schriften vermittelte, war eine Schöpfung des Würzburger Professors *Adam Weishaupt* (geb. 6. Februar 1748, gest. 18. November 1830).

Weishaupt kam mit sieben Jahren in die Jesuitenschule in Ingolstadt, doch zogen ihn Staatswissenschaften und Philosophie mehr an als die engherzige Dogmatik jener Zeit. Mit zwanzig Jahren machte er sein Doktordiplom und wurde 1773 Ordinarius der Jesuitenfakultät und Professor des Kirchenrechts.

Als Vertreter eines freien Christentums wurde er schon bald von den Jesuiten angefeindet und verfolgt, die schließlich erreichten, daß er seine Stellung als Rechtslehrer 1785 verlor, Ingolstadt verlassen mußte und nach Gotha zog, wo er, Freund Goethes, zum Hofrat ernannt wurde.

Eine Zeitlang schloß er sich den Freimaurern an, die ihn in seinem Kampf gegen Aberglauben und Dogmatismus unterstützten. Aber schließlich löste er sich wieder von ihnen und entschloß sich zur Bildung einer eigenen Gemeinschaft:

Am 1. Mai 1776 gründete er den *Illuminaten-Orden*, der vor allem unter Studenten, Offizieren und Fürstlichkeiten rasch Anhänger gewann.

Der Orden setzte sich das Ziel der Veredelung seiner Mitglieder durch Bekämpfung des Aberglaubens, des Dogmatismus und der Intoleranz, durch Pflege aller menschlichen Tugenden, durch Förderung einer universalen Bildung und durch Erziehung zur inneren Freiheit.

Die Mitglieder nannten sich »Illuminaten« (Erleuchtete, Lichtbringer), weil sie das Dunkel der Unwissenheit aufhellen, die Menschen durch Wissensmehrung aufklären, ihnen zur Selbstbesinnung, Selbsterkenntnis und Erleuchtung verhelfen wollten. Sie wollten so dem geistigen und sozialen Elend entgegenwirken.

Nach den Ordensstatuten hatten sie zum Ziel, »den moralischen Charakter der Menschen zu verbessern, sie zu *mehr Menschlichkeit* zu erziehen«. Sie wollten »selbständige Menschen in allen Teilen der Welt durch ein geistiges Band vereinigen, um sie zu befähigen, *aus eigenem Antrieb und innerer Überzeugung das von selbst zu tun, was kein Zwang zu bewirken vermag«*.

Weishaupt knüpfte damit bewußt an das Vorbild der *Pythagoräer* und ihrer ›geheimen Weisheitsschulen‹ an mit dem Ziel der Mehrung und Koordinierung wissenschaftlichen Denkens und Forschens mit religiösem Erleben auf universal-ethischer Grundlage — zur Heranbildung eines höheren Menschentums.

Bei der geistigen Schulung der Illuminaten wurden mehrere Grade unterschieden, deren unterster die Erziehung des Novizen zu geistiger Selbstführung und rechter Lenkung anderer umfaßte (Illuminatus minor). Der zweite Grad umfaßte die esoterische Schulung im Sinne der symbolischen Maurerei bzw. Alchemie (Illuminatus major). Es folgte die weitere Erziehung zu rechter Menschenlenkung (Illuminatus dirigens) und schließlich die eigentliche Mysterienschulung bis zum Priestergrad des geistigen Lehrers — mit dem Endziel der Schaffung eines *neuen geistigen Adels.*

Berühmte Mitglieder des Ordens waren zeitweise *Goethe* und *Herder* und viele der damals regierenden Fürstlichkeiten. Von 1779—1784 setzte sich auch Adolf Freiherr *von Knigge* für die Verbreitung der Gedanken der Illuminaten ein. Von ihnen beeinflußt schrieb er sein berühmtes Buch »Über den Umgang mit Menschen« (1788). In seinem »Roman meines Lebens« schrieb er über das Ziel der Illuminaten, »daß sie durch die feinsten und sichersten Mittel zum Sieg der Tugend und Weisheit über Dummheit und Bosheit verhelfen wollen, daß sie edle große Menschen heranbilden und dem Despotismus jeder Art entgegenwirken«.

Kein Wunder, daß der Orden sich rasch ausbreitete, aber im gleichen Maße die erbitterte Gegnerschaft zuerst der Jesuiten und später der Geistlichkeit und der Regierung erfuhr, bis durch einen Erlaß der Bayerischen Regierung 1784 alle geheimen Gesellschaften und im folgenden Jahr der Illuminaten-Orden verboten wurden. Weishaupt mußte seine Professur aufgeben, wurde aber später rehabilitiert und zum Mitglied der Münchner Akademie ernannt.

Wenn auch der Orden nicht in seiner früheren Form wiedererstand, wirkten seine Ideen doch bis heute weiter. Seitdem der Orden dann durch Leopold Engel 1896 erneut ins Leben gerufen worden war, bestanden eine Reihe Landesgruppen, die sich 1925 zum ›Weltbund der Illuminaten‹ mit dem Sitz in Berlin zusammenschlossen.

Eckartshausen und die Magie

Ein führender Vertreter der Ideen und Bestrebungen der Illuminaten war Carl von Eckartshausen, der, wenn er von »Aufschlüssen zur Magie« sprach, immer das *hohe Ziel der Magie* vor Augen hatte: die rechte Entfaltung und Anwendung der Gedankenmacht und Glaubenskraft im Dienste der Höherentwicklung des Menschen und der Menschheit. Er meinte damit das, was man heute als »weiße Magie« oder ganz sachlich als Psychodynamik und praktische Mystik bezeichnet, im Gegensatz zur falschen schwarzen Magie und Dämonologie in ihren verschiedenen Erscheinungsformen:

»Die falsche Magie unterscheidet sich von der wahren und natürlichen Magie dadurch, daß des wahren Magus Vernunft und Wille vom göttlichen Licht erleuchtet sind. Ist der Wille rein, so verwandelt sich das Licht in göttliche Wärme, Sympathie, Liebe. Ist der Wille unrein und steht der Mensch mit dem Willen im Finstern (der Ichgebundenheit), so ist die Folge verzehrendes Feuer, das verwüstet und zerstört.« Weiter schrieb Eckartshausen:

»Ein wahrer Magus heißt ein weiser Mann, der das Vermögen und die Macht hat, das ihm von der Gottheit erteilte Licht anderen mitzuteilen . . . Alle Weisheit kommt von oben als Folge der Hinwendung zum Guten und Wahren. – Im Grunde ist jede Menschenseele zum Empfangen des göttlichen Lichts befähigt. Aber Zeitpunkt und Art der inneren Lichtwerdung hängen von der Reinheit des Willens ab. Der reine Wille verbindet das Gute mit dem Wahren, der unreine das Böse mit dem Falschen. Daher der Ursprung der falschen (schwarzen) Magie, der Mißbrauch der Erkenntnis zur Nichtliebe. – Reine Erkenntnis, Vereint mit reiner Liebe, führt zur Engelwerdung des Menschen, Erkenntnis ohne Liebe zur Satanswerdung.«

Blicken wir zunächst mit Eckartshausen als Lehrer natürlicher oder weißer Magie auf den Mißbrauch, der heute mit dem Begriff »Magie« getrieben wird, dann erscheint vorweg eine Klarstellung notwendig, lockt doch die Magie heute wie einst das Ich des Menschen wie Mephisto den Faust: »Ich gebe dir, was noch kein Mensch gesehen.«

Wenn ein Weiser etwas sichtbar macht, was, wie Goethe sagt, »die Natur dem bloß sinnlichen Menschen verbirgt«, kann das einsichtweckend wirken. Aber wenn Unweisheit sich dem Unverstandenen widmet, wächst die Wirrnis.

Machen wir uns darum zuerst klar, was Magie in Wirklichkeit heißt und bedeutet:

Zunächst zum rein Sprachlichen: Das Wort ›Magie‹ kommt vom altnordischen *›mega‹* (Macht, Vermögen) und meint das, was einer *vermag*, was er *machen* kann. Das davon abgeleitete altpersische *›magush‹* bedeutet im gleichen Sinne das Vermögen, das Können, das, wozu einer die Macht hat, und seinen Träger.

Seit den Wanderungen der Kinder des Nordens nach dem Süden bis nach Indien galten sie bei den dortigen Völkern als *›magi‹*, als Machtträger.

Das griechische ›mageia‹ wie das lateinische ›magicus‹ hat den gleichen Sinn. Darauf verweist auch das lateinische *›imago‹:* das innere Bild, Gedankenbild, das sich in die Außenwelt hinauszubilden, sein Ebenbild zu schaffen trachtet. Es weist auf die *dynamische Kraft der Gedanken,* die durch *›Imagination‹* aktiviert wird — aber auch als Trug-Bild den Menschen zur Selbsttäuschung verleiten kann.

Magie ist also nicht, wie Wörterbücher weismachen wollen, »angstgeborene Beschwörung magischer Mächte und böser Geister«. Sie hat auch nichts mit Aberglauben oder mit Salonzauberei und Fingerfertigkeit zu tun.

Magie ist die zumeist unbewußte, seltener bewußte *Anwendung der Gedankenmacht und Glaubenskraft* und als solche so alt wie die Menschheit. Sie hat entscheidend dazu beigetragen, daß der Mensch seiner inneren Kräfte bewußt wurde und sein Schicksal zu gestalten lernte.

Alle Kulturen der Vorgeschichte waren magische Kulturen. Magie war die Naturwissenschaft der Alten. Sie entsprang der Erfahrung eines Höheren, Geistigen, Übersinnlichen, Transzendenten, Numinosen, Göttlichen, einer die sinnliche Welt durchwaltenden größeren Wirklichkeit, wie es schon die Bhagavad Gita (8,20) aussprach:

». . . doch jenseits dieser Wandelwelt
dehnt sich ein andres, höh'res Reich.
Wenn Erd' und Himmel auch vergehn —
dies Reich hat ewigen Bestand.«

Die Welt der alten Völker war eine magische Welt, in der alles lebendig und ansprechbar war und sich wechselseitig beeinflußte. In allem lebte der göttliche Odem und Wille. Magische Hilfen hoben Lebensmut und Selbstvertrauen. Sie ließen die Menschen, weil ihre Imaginationskraft noch ungeschwächt und frei von Zweifeln war, übermenschliche Leistungen vollbringen.

Die Alten wußten, daß ihr Denkvermögen — rational wie dynamisch gesehen — sie über die Tierwelt hinaushob, weil es geistige Bildekräfte in den Dienst der Vorstellungsverwirklichung stellte. Magie war von Anfang an *Ideo-Magie: Gedankenmacht und Glaubenskraft in Aktion, die Kunst der Materialisation innerer Vorstellungsbilder nach außen hin.*

Was ein Teil der Priesterschaft später, in den geschichtlichen Epochen, aus der natürlichen Magie gemacht hat, ist bekannt: göttliche Kräfte wurden Mittel zur Mehrung menschlicher Macht, zur Beherrschung der Unwissenden. Und immer bewußter wurde verhehlt und verschwiegen, daß in Wirklichkeit *jeder Mensch ein Magier* ist und durch die Richtung seines Denkens sein Schicksal zum Heil oder Unheil gestaltet, wie er auch durch seiner Hände Werk allezeit Gedankenformen in Wirklichkeit verwandelt.

An die Stelle geistiger Führerschaft mit dem hohen Ziel, jedem Menschen zur Selbsterkenntnis und Selbstverwirklichung zu verhelfen, trat im Laufe der Zeiten das ›Schamanentum‹ mit seinen ›Geheimlehren‹, die das magische Wirken oder ›Machtvermögen‹ auf die ›Eingeweihten‹ zu beschränken suchten.

Ursprünglich waren alle Mysterienlehren und -kulte Einführungen in die Kunst magischen Wirkens und, in ihrer höchsten Form, Hilfen zur Verwirklichung der Gemeinschaft des Menschen mit Gott. Ihre Riten dienten dazu, die Imaginationskraft zu konzentrieren und zu dynamisieren.

Magie war im Ursprung auch der Yoga, der dazu diente, die Schöpferkräfte der Seele durch Konzentration und Meditation zu aktivieren und zu steigern, um mit ihrer Hilfe Körper und Umwelt zu beherrschen. Spätlinge dieser Praxis waren Mantratechnik, Hathayoga und anderes, das heute oft vom wahren Yoga wegführt.

Auch die Gnosis war wie die Theurgie des Alten Testaments weithin Magie. Als Alchemie zielte sie auf die Transmutation des Menschenwesens aus ›bleierner‹ Körpergebundenheit in die ›Goldheit‹ und Lichtheit des Selbst.

Alle magischen Zeichen und Formeln, Riten und Zeremo-

nien waren und sind Konzentrationshilfen zur Dynamisierung der Gedanken. Alle kultischen und magischen Gegenstände dienten als Akkumulatoren von Gedankenkraft, die jeweils das bewirken, was der Gläubige in sie hineindenkt und von ihnen erwartet.

Ebenso sind die ›Geister‹, ›Dämonen‹ und ›Engel‹, die der Schwarzmagier beschwört, in der Hauptsache seelische Kräfte oder angesprochene psychische Strebungskomplexe in anderen Wesen, die durch die ›Anrufung‹ aktiviert werden.

Doch lassen wir den Abgrund der niederen Magie verschlossen, da sie mehr Aberglaube und Fürwahrhalten ist als Überglaube und Wahrmachen des Geglaubten.

An sich ist, wie gesagt, jedes Wesen als geistiges Kraftfeld ein Machtträger und Machtausüber, auch wenn es dessen nicht bewußt ist.

Zugleich aber ist alle ›Magie‹ als Machtbetätigung Ausdruck der gottgegebenen Freiheit des Menschen. Alle Geistkraft, ›dynamis‹, ist an sich neutral: ob sie Leid oder Segen wirkt, hängt von der Denk- und Willensrichtung des Menschen ab. –

*

In unseren Tagen suchte der Philosoph Eduard *Spranger* in seiner »*Magie der Seele*« (1947) nachzuweisen, daß alles magische Wirken darauf hinausläuft, auf autosuggestive Weise eine Kraftsteigerung zu erreichen.

Gleiches meinte *C. G. Jung*, der Magie als »Konzentrierung psychischer Kräfte« und als Ausdruck des ›Willens zur Macht‹ wertete, aber auch auf die Gefahr des Mißbrauchs hinwies: »Es hat etwas Furchtbares an sich, daß der Mensch auch eine Schattenseite hat, die nicht nur aus kleinen Schwächen und Fehlern besteht, sondern aus einer geradezu *dämonischen Dynamik,* die im Hintergrunde lauert und droht.«

Goethe war sich des magischen Charakters des Lebens deutlich bewußt. In seinen Gesprächen mit Eckermann (Oktober 1827) gestand er: »Wir wandeln alle in Geheimnissen und sind von einer Atmosphäre umgeben, von der wir noch gar nicht wissen, was sich alles in ihr regt und wie es mit unserem Geiste in Verbindung steht. So viel ist wohl gewiß, daß in besonderen Zuständen die Fühlfäden unserer Seele über ihre körperliche Grenze hinausreichen können.«

Er fußte auf eigenen Erfahrungen, denen zufolge »eine Seele auf die andere durch die bloße stille Gegenwart einwirken kann . . . Wir haben alle etwas von elektrischen und magnetischen Kräften in uns und üben, wie der Magnet, eine anziehende oder abstoßende Gewalt aus«. Er schloß, daß dieser Glaube ihn »nicht betrogen und das Gefühl von einer unsichtbaren Einwirkung ihn nicht getäuscht habe«.

Wenn Goethe vom ›Dämonischen‹ sprach, meinte er damit allerdings wie Sokrates den guten Genius, das göttliche Selbst, dessen Kräfte vom Ich auch mißbraucht werden können und dann Unheil wirken.

Immer setzt, wie schon Agrippa von *Nettesheim* (1486 bis 1535) als Theologe, Philosoph und Arzt und als damaliger Kämpfer gegen den Aberglauben seiner Zeit in seiner Schrift »De occulta philosophia« und anderen Werken betonte, »die Magie als Betätigung der Gedankenmacht eine entsprechende Würdigkeit (rechte Gesinntheit und geistige Reife) voraus. Denn der *Gedanke,* unsere höchste Kraft, ist allein der Wundertäter in uns«.

Noch deutlicher sah der Begründer der heutigen Heilkunst, *Paracelsus*, das Geheimnis der Magie in der zielbewußten Betätigung der Gedanken- und Willens-Potenzen. Er meinte, daß »nur Scharlatane sich auf den Beistand von Geistern und Dämonen berufen«, statt offen zu sagen, daß es sich um Bildekräfte der Seele handelt, die dahin wirken, daß ›das Wort Fleisch wird‹, daß unsichtbare Gedanken sich in sichtbare Wirklichkeiten wandeln und daß man »über tausend Meilen hinweg zu imaginieren und zu imprimieren (einzuwirken) vermag«.

Auch der große persische mittelalterliche Philosoph und Theologe *Al-Ghazali* (1058—1111) erkannte und lehrte, daß »die entfesselte seelische Kraft auch auf die Naturdinge Einfluß ausübt«. Er wußte, daß Gedankenkraft übertragbar ist, daß Menschen magisch aufeinander einwirken, sich gegenseitig zum Guten oder Bösen beeinflussen können — im ersteren Fall für beide segenbringend, im letzteren Fall unheilbringend für den Magier.

Praktisch liegt nichts außerhalb der Reichweite aktivierter Gedankenkraft. Viele übersinnliche Erfahrungen, die heute von Sensationssüchtigen als ›Psi-Phänomene‹ oder parapsychische Erscheinungen in den Vordergrund gerückt werden, sind nichts als Äußerungen aktivierter Gedankenmacht und Glaubenskraft.

Das hat ebenso eindeutig und deutlich auch ein heutiger Philosoph, Ernst *Marcus*, in seiner »Theorie einer natürlichen Magie« (München '24) klarzustellen versucht:

Mit Paracelsus sah er im *Willen* den Auslöser magischen Geschehens, genauer: in der *Vorstellung* von möglichen Kräften des Willens. An *Kant's* Schrift »Von der Macht des Gemüts« anknüpfend, kam er zu dem Ergebnis, daß die

Vorstellungen, die Gedanken die Ursacher magischer Wirkungen sind. Da die Gedanken transzendentaler Natur sind, ist es praktisch »das Ich, das sich selbst mittels der Kausalität seiner Vorstellungen zum Ursacher physischer Wirkungen macht . . . *Alle Materie weicht schließlich dem stetigen und allmählich wachsenden Druck der imperativen Vorstellung* . . . Auf diese Weise wirken metaphysische Kräfte auf die Natur.«

Praktische Konsequenzen aus dieser Erkenntnis zogen im vorigen Jahrhundert der erste amerikanische geistige Heiler, Phineas *Quimby*, der große amerikanische Philosoph Ralph Waldo *Emerson*, die Lebenslehrer Prentice *Mulford* (»Einer, der es wagt«), Ralph Waldo *Trine* (»In Harmonie mit dem Unendlichen«) und Orison Swett *Marden* (»Wer denkt, er kann, der kann!«) sowie Charles und Myrtle *Fillmore* (die Begründer von Unity), die übereinstimmend lehrten und demonstrierten, daß jeder Gedanke eine nach Verwirklichung strebende Potenz ist — der Anfang einer zuerst psychischen und schließlich atomaren Kettenreaktion, an deren Ende die innerlich vorausvisualisierte, vorausimaginierte Wirklichkeit steht.

Ich bezeichne das Gebiet der rechten Anwendung der Gedankenmacht und Glaubenskraft seit einem halben Jahrhundert als ›*Psychodynamik*‹ und habe in meinen Lebensbüchern die Grundgesetze der Psychodynamik im einzelnen formuliert und erläutert. Hier sind die ersten zehn:

1. Jeder Gedanke hat das Bestreben, sich im Rahmen des Möglichen zu verwirklichen.

2. Die Verwirklichungs*tendenz* des Gedankens wächst mit seiner Schärfe und Zielgerichtetheit.

3. Das Verwirklichungs*vermögen* wächst mit seiner Konzentration und Gefühlsbetontheit und mit der Beharrlichkeit der Wiederholung.

4. Dabei gilt es, den Gedanken eindeutig, zielbewußt und beharrlich in positiven Bildern im Bewußtsein festzuhalten, also lebendige Gedankenbilder dessen zu schaffen, was werden soll.

5. Man muß sich selbst, andere Wesen, Dinge und Umstände so imaginieren, visualisieren und bejahen, wie man sie verwirklicht wünscht.

6. Gleiches zieht Gleiches an und wird durch Gleiches verstärkt. Das stärkere Kraftfeld bestimmt die schwächeren und richtet sie sich gleich.

7. Die anziehende Kraft des *Glaubens* wird durch die unentwegte Erwartung des Ersehnten entfesselt. Ihre Reichweite wächst mit dem Freisein des Glaubens von Ungeduld und Zweifeln. Je selbstverständlicher die Erfüllung bejaht wird, desto rascher folgt sie dem Glaubensimpuls.

8. Das Maß des Durchsetzungs- und Verwirklichungsvermögens wird durch die Intensität und Ausschließlichkeit des jeweiligen *Wunsches* bestimmt. Der am hartnäckigsten und ausschließlichsten festgehaltene Wunsch wirkt zunehmend anziehend auf alles, was seiner Erfüllung dienlich ist.

9. Eine *Vorstellung* tritt um so leichter über die Schwelle des Bewußtseins, je häufiger sie wiederholt, je gewohnheitsmäßiger sie wird. Ihre Verwirklichungskraft wächst mit ihrer Klarheit, Bildhaftigkeit, Lebendigkeit, Lustbetontheit und Zielstrebigkeit.

10. Jedes *Ideal* strebt danach, ihm entsprechende Verhaltensweisen und Handlungen auszulösen, um Wirklichkeit zu werden. Gleichartige Ideale ziehen einander und ihre Träger an und bilden wirkstarke Komplexe, ungleichartige stoßen sich ab, schwächen sich oder heben sich auf.

Damit kommen wir zur *Praxis* und zu dem, was Carl von *Eckartshausen* darüber lehrte und was ein anderer neuerer

Kenner der Materie als Ergebnis eigener magischer Versuche entdeckte und in seinen Schriften lehrte. Ich meine den Eckartshausen seelisch verwandten französischen Geistlichen Alphonse Louis *Constant*, der unter dem Pseudonym *Eliphas Lévi* eine Geschichte und ein Handbuch der Magie veröffentlichte.

Was er darin klarstellte, ist, kurz gesagt, dies:

»Magie hat nichts mit Gaukelei, Scharlatanerie, krankhaften Halluzinationen oder mit der Kunst zu tun, Wirkungen ohne Ursache hervorzubringen. Sie ist praktisches Wissen um Natur- und Lebensgesetze, für die die Materialisten noch blind sind.«

Alles magische Wirken ist nach ihm Äußerung der Willenskraft, hinter der wiederum die Gedanken als Ursacher stehen: »Das Wesen des Willens ist Verwirklichung. Wir können alles, was wir zu können glauben . . . Im Bereich der Taten verfügt der Mensch über eine gottgegebene Allmacht. Wenn er Herr seiner selbst geworden ist, wird die Natur ihm gehorchen.«

Er sah das Geheimnis des Priestertums aller Religionen und Völker in der Kenntnis der Magie:

»Damit ein Priester magisch wirken kann, müssen sich Wissen und Glauben in ihm einen. Dann können sie seine Macht ins Übermenschliche steigern.«

Praktisch läuft das »Ritual der Hohen Magie« nach ihm auf die Kunst der Aktivierung der Gedankenmacht und Glaubenskraft hinaus:

»Der Gedanke ist das Licht der Seele. Wenn einer sagt: ›Ich denke und will, daß es für mich sei‹, wird es für ihn sein.« —

Heute nennen wir das schlicht Bejahung (Affirmation), mit der sich die Psychodynamik befaßt.

In unseren Tagen wurde diese Praxis von *Emile Coué* angewandt und von ihm als Methode der bewußten Autosuggestion gelehrt, bei der durch die Konzentration auf eine Zielvorstellung die seelischen Bildekräfte aktiviert werden, die in Leib und Leben das Bejahte zu realisieren suchen. Coué sprach auch von der Macht der Imagination.

Die *Psychodynamik* geht einen Schritt weiter und zeigt, wie durch recht angewandte Gedankenmacht und Glaubenskraft Wunder der Wandlung im Körper — etwa bei der geistigen Heilung — und in der Umwelt — auf dem Wege der Telurgie — bewirkt werden und wie auch die metapsychischen Phänomene im wesentlichen auf der Fähigkeit der ›Ideoplastie‹, der Gedankenmaterialisation, beruhen.

In den »Atom-Energien der Seele« wurde von mir dargelegt, wie Gedankenkräfte nicht nur im eigenen Körper zustand- und funktionsändernd wirken, sondern wie darüber hinaus das eigene biologische Kraftfeld der Seele auch auf die Kraftfelder der Umwelt zustand- und tendenzändernd einwirkt.

Das wird durch die paranormalen Leistungen mancher Mystiker und Heiligen einerseits wie vieler Medien andererseits bestätigt, wobei sich zeigt, daß die *Fernwirkkräfte der Seele* raum- und zeitunabhängig sind und nicht wie die physischen Kräfte mit dem Quadrat der Entfernung abnehmen.

Der Philosoph Carl *du Prel* sprach diesbezüglich von der *psychomagnetischen Kraft* des Menschen, die auch ohne materiellen Kontakt in die Ferne wirkt. Er gab Paracelsus recht, daß »bei diesen Fernwirkungen kein Unterschied zwischen Sanktum und Magus (Heiligem und Magier) bestehe außer dem, daß das eine durch göttliche, der andere durch seelische Kräfte wirke, wobei die Mitwirkung jenseitiger oder außermenschlicher Mächte offen bleibe . . . Das bewußte Denken und Wollen ist nur der Hebel, der unsere transzendente Substanz aufwühlt und zur Aktion veranlaßt. Die Kraft dazu wird von der Seele geliefert.« (»Die Entdeckung der Seele«)

Unnötig, hinzuzufügen, daß diese Fähigkeiten der Seele, da jedes Wesen ein unzerstörbares Kraftfeld ist, dessen Energien nicht verlorengehen, auch den Heimgegangenen eignet, die sie oft freier zu entfalten vermögen als die noch an die Körperlichkeit Gebundenen.

Von da her erklären sich jene zahllosen Fälle, in denen Sterbende sich, weit entfernt von ihrem Todesort, an der

Stätte ihrer Sehnsucht vorübergehend durch Geräusche, Bewegungen von Gegenständen oder durch plastische Gedankenverdichtung und Materialisation äußern, sichtbar werden und Botschaften vermitteln, wie unter vielen anderen auch *Schopenhauer* bestätigt:

»Der lebhafte und sehnsüchtige Gedanke eines andern an uns vermag die Vision seiner Gestalt in unserem Gehirn zu erregen — nicht als bloßes Phantasma, sondern so, daß sie leibhaftig und von der Wirklichkeit nicht unterscheidbar vor uns steht. Namentlich sind es Sterbende, die dieses Vermögen äußern und in der Stunde ihres Todes ihren abwesenden Freunden erscheinen, sogar mehreren, an verschiedenen Orten zugleich.«

Alle diese Phänomene sind keine Durchbrechungen der Naturgesetze, sondern Äußerungen der in jedem Wesen, Menschen wie Tieren, latent vorhandenen und wirksam werdenden psychischen Energien.

In vorgeschichtlichen Zeiten war Magie Religion und alle Religion Magie. Alle Anrufungen der Götter und Geister waren magische Handlungen.

Wie der Religionspsychologe Friedrich *Heiler* (in »Das Gebet«, '19) dargelegt hat, waren die priesterlichen Kult- und Weihehandlungen ursprünglich magische Riten mit dem Ziel der Bewußtmachung des Geistigen und des Verbundenseins des Menschen mit dem Göttlichen. Alle Religionen haben heute noch ein magisches Element, das in ihren Kulten, Zeremonien und Gebeten in Erscheinung tritt. *Hingegen irrt der Völkerpsychologe Wilhelm Wundt, wenn er den Anfang des Gottglaubens in furchtgeborenem Dämonenglauben sieht. Das Primäre war in Wirklichkeit die Berührung mit dem inneren Licht und das Innewerden einer göttlichen Macht im eigenen Wesenszentrum des Menschen wie im All, mit der Verbindung möglich war.*

Aus dem Erleben der inneren Führung, eines göttlichen inneren Helfers erwuchs der Glaube an Schutzgeister, mit denen man in Gebet und Versenkung in Kontakt kommen konnte, und an eine göttliche All-Macht.

Das *Gebet* war von Anfang an nicht Ausdruck einer Unterwerfung unter unheimliche Außenmächte, sondern Einwärtswendung, Freundschaft und Gespräch mit dem Göttlichen und Ausdruck des Vertrauens zu seiner Hilfe. Erst später wurde aus dem Freundschafts- und Vater-Kind-Verhältnis ein Herr-Diener-Mißverhältnis.

Alle priesterlichen Gesten und Kulthandlungen waren ursprünglich Bezeugungen des Bewußtseins der Gegenwart eines göttlichen Geistes, einer hilfreichen Macht, die der Mensch in sich, um sich und über sich erfahren konnte.

Das *Händefalten* beim Gebet war Ausdruck des Verbundenseins von Gott und Mensch zu einem geschlossenen Ring. Gleiches gilt von den anderen Gebetshaltungen, etwa den himmelwärts erhobenen Händen. Sie geben der Erkenntnis Ausdruck, die Eliphas Lévi so formulierte:

»*Das große Geheimnis aller Magie ist die Göttlichkeit des Menschen*, wie sie schon Jesus lehrte: Gott ist mein Vater; ich und der Vater sind eins, und ich will, daß auch ihr und ich eins seien! Der Himmel ist kein Ort, sondern ein Zustand des Einsseins der Seele mit Gott. Wer dessen bewußt ist, vermag alles, was er will, wenn er nur Gerechtigkeit will. Wahrer Kult ist Nächstenliebe. Das Geheimnis der Sphinx ist der Gott im Menschen. In diesem Sinne konnte Jesus Christus von sich als dem Sohne Gottes und von seinem Einssein mit Gott sprechen, das in gleicher Weise für jeden Menschen gilt.«

Dieser Gedanke steht auch im Mittelpunkt der Eckartshausen'schen »Geheim-Wege der Glückseligkeit«, wobei er sich bei der Darlegung der Botschaft der Illuminaten ausdrücklich auf ein Wort von Meister *Eckehart* beruft:

»In dem Wesen der Seele können wir Gott sehen und erkennen, und je mehr der Mensch in diesem Leben dem Wesen der Seele mit seiner Erkenntnis nahekommt, desto näher ist er der Erkenntnis Gottes. In dir selber liegt und wohnt die Wahrheit. Niemand findet sie, der sie in äußeren Dingen sucht.*)

*

Während die Grenzlinie zwischen Magie und *Religion* oft verschwimmt, ist die zwischen Magie und *Mystik* unübersehbar:

In ihrer reinsten Form geht die Magie in die Mystik über.

---

*) Vergl. dazu »Meister Eckeharts Weg zum Kosmischen Bewußtsein« (Drei Eichen Verlag, D-8300 Ergolding), wo die zehn Stufen des Pfades zur Erleuchtung und zum Gott-Erleben aufgezeigt und erläutert sind.

Alle religiösen Kulte waren anfangs magische und wurden schließlich mystische Handlungen.

Niemand braucht also mit Faust zu seufzen: »Könnt' ich Magie von meinem Pfad entfernen!«, denn die Meta-Magie der Mystik eröffnet jedem den Weg ins Freie. Um das zu verdeutlichen:

Bleibt alle *Magie* im wesentlichen auf die leibseelische Ebene beschränkt, ermöglicht die *Mystik* den Aufstieg zum geist-göttlichen Bereich. Während die Magie immer die Gefahr des Abgleitens ins Dämmerreich der Dämonen in sich birgt, leitet die Mystik den Lichtsucher aufwärts ins Reich der Geister und Engel und zum kosmischen Bewußtsein der Gottunmittelbarkeit.

Magie ist nur zu oft Ausdruck des Willens, die göttliche Macht dem eigenen *Ich* dienstbar zu machen, während sich in der *Mystik* — als ›weiße Magie‹ — die Bereitschaft des Menschen äußert, den göttlichen Willen durch sich wirken zu lassen, sein Werkzeug zu sein.

So stehen sich Selbstsucht und Gottsuche gegenüber. Die eine will verdienen und haben, die andere dienen und geben.

Als Abbé Constant (Eliphas Lévi) die Gefahr der Magie erkannte, wandte er sich gegen Ende seines Lebens der Mystik zu. Er erkannte, wie leicht Magie von der Machtbestätigung im guten, göttlichen Sinne zur Machtgier im Dienste des Ich und zur Machtbesessenheit verleitet.

Der Magier will sich selbst als Macht fühlen, während der Mystiker sich als Werkzeug göttlicher Macht sieht. Der eine will im Konzert der Geister der Kapellmeister sein, der andere sieht sich als *eine* Stimme oder *ein* Instrument unter vielen, für die Gott der Dirigent ist.

Der Magier möchte die Umwelt in Abhängigkeit von sich sehen; der Mystiker will sie zu sich emporziehen und ihr zur Freiheit verhelfen. So schafft der Ichverhaftete zwangsläufig Last, Leid und Unerlöstheit, während der Gottgeeinte Licht und Erlösung, Frieden und Freiheit für alle wirkt. Das hat, wie sich im weiteren zeigen wird, *Eckartshausen* mit aller Klarheit erkannt.

*

Auch heute wird jeder Mensch weit mehr, als ihm bewußt wird, vom Geist oder Ungeist der Magie beeinflußt oder bestimmt. Zumeist unbewußt, selten bewußt übt er mit jedem seiner Gedanken, Willens-, Glaubens- und Tatimpulse Magie aus — oder wird er von fremdem Denken und Wollen magisch beeindruckt und gelenkt.

In besonderem Maße wirken heute wie früher Hochgestellte — früher Fürsten und Könige und ihre Trabanten, heute Partei- und Wirtschaftsführer, Staatsmänner und Politiker, Lehrer, Richter, Ärzte — unbewußt als Magier durch jedes Wort, das sie sprechen, durch jede Geste und Handreichung.

Alle Behandlungs- und Heilverfahren haben einen mehr oder minder großen magischen Anteil, der heute noch weithin unterschätzt oder übersehen wird. Besonders deutlich wird das in der Psychoanalyse und Psychosomatik, am deutlichsten in den geistigen Heilweisen.

Auch die heutige Form der ›*Aufklärung*‹ — einerlei, ob wissenschaftlich verbrämt oder volkstümlich — hat diesen magischen Anteil, wie schon *Lessing* erkannte: »Der Aberglaube, in dem wir aufgewachsen, verliert, auch wenn wir ihn erkennen, darum doch seine Macht nicht über uns . . . Es sind nicht alle frei, die ihrer Ketten spotten.«

Die meisten spüren und erkennen nicht, wie weitgehend sie Tag für Tag durch Fremdbeeinflussung zu unguten Zwecken mißleitet und mißbraucht werden. Die ständige Überrieselung mit denkrichtungsändernder *Reklame*, die unmerkliche Beeinflussung durch Presse, Radio, Fernsehen, bei der ein Teil der ›Information‹ in Wirklichkeit Suggestion ist — bei alledem kommt den meisten gar nicht mehr zum Bewußtsein, wie weit sie von magischer Fremdbeeinflussung in ihrem Denken und Verhalten bestimmt werden.

Wir leben heute in einer Zeit der Wiedergeburt der Magie im universellen Maßstab. Sie birgt eine Vielzahl sichtbarer und unsichtbarer Nachteile und Gefahren, aber auch positive Wirkungen: sie trägt mit dazu bei oder kann dazu mithelfen, daß Unwissenheit und Aberglaube in dem Maße abnehmen, wie das Wissen um die Macht der Gedanken und des Glaubens und die Erkenntnis der mannigfachen Anwendungsmöglichkeiten der seelischen Energien weithin zunehmen.

Darum sind die hier klärend wirkenden Gedanken des großen Illuminaten Carl von *Eckartshausen* für uns Heutige so hilfreich und nützlich.

Was er im folgenden über die »*Geheim-Wege zur Glückseligkeit*« sagt, ist praktische Magie im edelsten Sinne des Wortes, modern ausgedrückt: *angewandte Psychodynamik* — Einsatz der Macht der Gedanken und der Kraft des Glaubens im Dienste des persönlichen wie des allgemeinen Wohlergehens und Fortschritts.

Die Entwicklung weist zunehmend deutlicher darauf hin, daß wir im Aufgang des eigentlichen *Zeitalters des Geistes* stehen. Und es kann nur von allgemeinem Nutzen sein, wenn immer wieder auf die großen Pioniere dieses neuen Zeitalters hingewiesen wird. Sie alle sind Vorläufer und Vorauskünder eines neuen Geistes metaphysischen, metamagischen, transzendentalen, mystisch orientierten positivkreativen Denkens und Wollens, Glaubens und Lebens. Die von ihnen gemeinsam verkündeten Thesen neuen Lebens lassen sich in sieben Sätzen zusammenfassen:

1. Der Geist ist das Primäre; die Richtung des Geistes bestimmt die Lebensrichtung.

2. Die Gedanken- und Glaubensrichtung entscheidet über Gesicht und Gewicht der Verhältnisse.

3. Der innere Stand des Menschen formt die äußeren Umstände seines Daseins.

4. Seine Gedanken streben nach Verdinglichung und Verstofflichung — im Guten oder Bösen, je nachdem, ob sein Ich oder sein Selbst die Richtung bestimmt.

5. Jede Änderung der Einstellung führt zur Umstellung der Umstände.

6. Als Kind der Gottheit und Träger göttlicher Schöpferkräfte ist der Mensch Ursacher und Erleider aller Bedingungen und Geschicke seines Daseins.

7. Vom Geiste aus gesehen, ist jeder Mensch jederzeit freier und selbstverantwortlicher Gestalter seines Schicksals und seiner Zukunft.

Mögen die nachfolgenden Gedanken Eckartshausen's vielen Wahrheitssuchern helfen, die positive Nutzanwendung aus den hier vermittelten Einsichten zu ziehen und sich selbst und ihr Leben immer souveräner und vollkommener von innen her zu meistern.

Geheim-Wege zur Glückseligkeit

Von Carl von Eckartshausen

Wir Menschen sind Wesen, die handeln und leiden können, weil wir die Freiheit haben, uns selbst, unsere Umwelt und unser Leben nach unserem Wunsch und Willen zu gestalten. Wir folgen damit bewußt oder unbewußt, willig oder unwillig dem uns eingeborenen Drang nach fortschreitender Vervollkommnung.

Die willige Befolgung dieses göttlichen Drangs nennen wir *Glückseligkeit;* das Gegenteil empfinden wir als Not und Elend, Unglück und Leid.

Wir wurzeln mit unserem innersten Wesen in Gott. Mit unserer körperlichen Erscheinungsform leben wir in der physischen Welt — wobei mit ›Welt‹ nicht nur unsere Erde gemeint ist, sondern das ganze Universum, in dem wir — jeder von uns — für das Ganze so notwendig sind wie die Himmelskörper.

Der Mensch ist das letzte Glied in der Kette der Erd-Organisation und das erste und geringste in der höheren Kette der All-Wesen. Denn so ausgebildet seine Körperform ist, so unentfaltet ist er noch in seiner seelischen Anlage als Bewohner der geistigen Welt und des Kosmos.

In der Welt, in der wir Menschen als Körperwesen leben, sind Raum und Zeit Sinnentrug, Illusion. Alles im äußeren Dasein ist bedingt und dem Wechsel, der Veränderung, dem Vergehen unterworfen. Aber die Wirklichkeit, die dahinter steht, ist ein lebendiges, ewiges, raum- und zeitüberlegenes unbedingtes Ganzes.

Da aber die meisten Menschen in ihrer geistigen Blindheit diese Wahrheit noch nicht erkennen, da sie ganz in der Körperhülle aufgehen und ihr physisches Dasein für das einzige halten, leben sie im Sklavenstand der Ichhaftigkeit und Gier, unter der Herrschaft tyrannischer Leidenschaften. Sie halten den Anschein für die Wirklichkeit und wählen in ihrer Schicksalsblindheit und Unweisheit zumeist das Schlechte statt des Guten.

Auch der beste Mensch ist noch der Nichterkenntnis verhaftet, Irrtümern und Leidenschaften, den Krankheiten und dem Vergehen unterworfen — nicht frei von Enttäuschung, Schmerz und Elend.

Alle Vergnügungen der Welt können ihn nicht sättigen, da nichts Bestand hat. Alles Wissen ist begrenzt; seine Mehrung macht nur neue Fragen und Ungewißheiten sichtbar.

Blicke um dich, Mensch, da, wo du lebst! Im Strome der Zeit, in dem eine Stunde die andere tilgt, ein Augenblick den anderen zerstört, lösen Freuden und Leiden einander ab. Vergeblich schmachtest du nach dauerndem Glück. Die Befriedigung der Begierden sättigt dich nicht. Entfernung, Trennung und Tod entreißen dir, was du liebst. Gram, Alter und Krankheit rauben dir den Frieden. Du lebst in den Fesseln der Körperlichkeit wie in einem Kerker.

Die Menschheit als Ganzes befindet sich gegenwärtig in einem Zustand fortschreitender Zerrüttung und des Verfalls. Sünde als Sonderung vom Göttlichen, Ungerechtigkeit als Abwendung vom rechten Denken und Leben, Untugend als Folge innerer Verfinsterung, Heuchelei als Zeichen geistiger Haltlosigkeit, Ichsucht als Frucht der Selbstentfremdung, Sittenlosigkeit und Lasterhaftigkeit als Folgen der Schwäche beherrschen die Menschen — eine Entwicklung, die durch die heutige Erziehung noch gefördert wird . . .

In Erkenntnis dieser Tatsachen bemühen die Menschen sich seit Jahrhunderten, zu einem Leben der Gegenseitigkeit auf Basis der Vernunft und Sittlichkeit zu gelangen. Aber wo sind die Früchte? Blinde wollen Blinde führen und sehen nicht, daß ihre Ichhaftigkeit sie hilflos macht . . .

Die Menschen können so lange nicht glücklich werden, solange sie nicht weise werden; und weise werden sie nicht, solange ihr Geist von der sinnenhaften Körperlichkeit gefesselt ist. Erst wenn die Sklavenfesseln fallen, werden die Blinden des Lichts inne und der Weg zur Glückseligkeit wird frei.

Wer hat das irdische Eden zur Wüste gemacht? Wer anders als du selbst, Mensch! Du selbst trenntest dich von der Urquelle allen Lebens: von der Einheit mit dem Göttlichen. Du selbst, Mensch, bist der Ursacher deines Elends, dessen Größe der Entfernung deiner Ichheit vom göttlichen Wesensgrund entspricht.

Die Übel und Unvollkommenheiten, die du um dich wahrnimmst, sind bedingt durch die Beschränktheit deiner Einsicht und Wirklichkeitserkenntnis. Je kleiner dein geistiger Sehkreis, desto mehr Unzulänglichkeiten. Je mehr sich dein Gesichtskreis hingegen weitet, desto freier wirst du.

Demgemäß besteht der Weg zur Glückseligkeit in der Beseitigung der Schranken deines Sehkreises und in der Erhellung und Weitung deines Bewußtseins. Alsdann dringst du tiefer in das Wesen der Dinge und gelangst durch wachsende Einsicht zu beglückenden Bewußtseinszuständen und Lebensumständen.

Du erkennst dann, daß jedes Wesen Anspruch darauf hat, so glücklich zu sein, wie es seiner geistigen Wachheit und Vollkommenheit gemäß ist.

Im Grunde stehst du jederzeit und in allen Situationen aufs neue vor der Wahl, weiterhin als Tiermensch in Ungewißheit und Unvollkommenheit zu vegetieren oder als Geistmensch zu wachsender Glückseligkeit und Lebensüberlegenheit zu gelangen.

Der Schöpfer aller Wesen und Welten hat für unsere Bedürfnisse gesorgt. Nur wir selbst haben die Quelle alles Guten verstopft. Wo Gott Liebe kündet, haben wir Neid und Mißgunst, Haß und Grausamkeit, Streit und Leid gesät.

Nochmals: Gott schuf uns alle mit dem gleichen Glücks-

vermögen. Aber wir trennten uns von ihm und wandten uns gegen uns selbst und gegen unsere Brüder, die gleich uns nach dem Bilde Gottes geschaffen wurden und das gleiche Recht wie wir auf die Fülle alles Guten haben.

Statt in Frieden und Freiheit miteinander zu leben, haben wir die Erde zu einer Stätte der Unruhe und Friedlosigkeit, des Haders und der Kriege gemacht.

Von Zeit zu Zeit, wenn es allzu dunkel auf der Erde wurde, kam ein Weiser und Erleuchteter und schüttete lichte Gedanken und Tatimpulse in den Strom der Zeitlichkeit. Sie warfen einige Wellen, aber der Strom riß sie bald mit sich fort und nahm ihre Spur hinweg.

Narren lachten über die Weisen, Böswillige verfolgten sie, Verschwender vergeudeten die Schätze des Geistes . . . Die Erde wurde zu einer elenden Herberge für Weltenwanderer, die ihre Zwecke hier selten erreichen, weil sie durch ihre Führer und Lehrer mißleitet werden, die Finsternis um sich verbreiten.

Wie sollen die nach Wahrheit und Licht suchenden Menschen da noch erkennen, daß ihr innerstes Wesen heilig und ewig ist, wenn Unwissende sie lehren, der Ichsucht und den Leidenschaften zu frönen?

So kam es, daß die Kinder der Ewigkeit zu Knechten der Zeit und Vergänglichkeit wurden und von Weh, Wandel und Tod gejagt und gepeinigt werden.

Aber das Elend der Menschen und ihre Ursache, die Unwissenheit, wird behoben werden!

Noch zwar schließt das Verwesliche das Unverwesliche ein, noch liegt das Licht der Weisheit in den Abgründen der Dunkelheit gebunden. Aber der Mensch ist darauf angelegt und fähig, sich zu glücklicheren Zuständen zu erheben. Er kann und wird lernen, Armut, Krankheit und Elend einzudämmen, Irrtümer, Leidenschaften und Vorurteile abzu-

bauen, den inneren Sinn für die Wahrheit zu entfalten und der Wirklichkeit innezuwerden.

Dies deshalb, weil der Mensch Tier und Geist ist. Und weil er jederzeit wählen kann, welche Seite seines Wesens er künftig entfaltet. Machen wir uns klar, was das bedeutet: Ein Tiermensch wird durch Willen ohne Vernunft getrieben, während im Geistmenschen der Wille durch die Vernunft geleitet wird. Der Tiermensch ist ganz an die Körperwelt hingegeben und gefesselt; der Geistmensch ist sich seiner Bürgerschaft in der geistigen Welt bewußt. Und nach dem Willen der Gottheit ist jeder durch die aufwärtsziehende Kraft in ihm befähigt, sich zu der Stufe des Geistmenschentums zu erheben und zu der der Engel zu gelangen.

Voraussetzung ist, daß er sich vom Licht der Seele erfüllen und, seiner Gotteskindschaft innewerdend, von der Weisheit des Geistes zum Denken und Tun des Guten leiten läßt. Dann fallen seine Fesseln und er erhebt sich zu der Größe, zu der er bestimmt ist.

*

Wenn höhere Wesenheiten auf uns Erdenmenschen blicken, werden sie Mitleid mit uns empfinden, weil sie sehen, wie unzulänglich wir unseren inneren Reichtum bisher aktiviert haben.

Aber sie blicken auch mit Hoffnung auf uns, weil sie über die Schranken der Körperlichkeit und über die Wandlung, die wir ›Tod‹ nennen, hinaussehen und unseren weiteren Weg erkennen. Sie lieben uns um deswillen, was wir zu sein befähigt und bestimmt sind.

Und vielleicht erziehen sie uns unsichtbar und unmerklich in Richtung auf jene wachsende Vollkommenheit und Glückseligkeit, auf die sie uns angelegt sehen . . .

Noch bedürfen wir Menschen dieser höheren Beihilfe, bis

wir gelernt haben, auf eigenen Füßen zu stehen, unsere Höherentfaltung selbst in die Hand zu nehmen und über den bisherigen Umkreis unseres Wissens und Wirkens hinauszuwachsen.

Bis dahin umhüllt uns ein wohltätiger Schleier, der die sichtbare und die für die meisten von uns noch unsichtbare Welt voneinander scheidet. Nur nach und nach wird uns bewußt, daß die Mittel unserer Vervollkommnung einer höheren Welt entstammen, in der Vollkommenheit und wirkliches Leben herrschen.

Zu allen Zeiten aber gab es Erkennende, Erleuchtete, die im Kreise ihrer Jünger oder in Weisheitsschulen lehrten, wie man sich aus der Unvollkommenheit löst, wie die kranke Menschheit geheilt und der Würde ihrer wahren Natur wieder bewußt wird.

Diese Wesen waren und sind Glieder einer geistigen Bruderschaft und Künder einer geheimen Wissenschaft, durch die der Mensch zu jener wahren Glückseligkeit gelangt, die das Erbteil der Kinder Gottes ist.

Um ihrer Weisungen bewußt zu werden, gilt es, uns nach innen zu wenden, damit die Seelenorgane für die Erkenntnis der größeren Wirklichkeit zur Entfaltung kommen.

Was dazu vor allem gefordert wird, ist selbständiges Denken. Dazu genügt bloßes Lesen und Hören nicht. Wer selbst denkt, ist den vielen überlegen, die nur anderen nachdenken.

Selbst denken heißt zugleich: richtig denken. Wenn du richtig denkst, wird der Verstand, der Intellekt, zum willigen Organ der Vernunft und die Vernunft zum Mittler des Geistes. Sie wird dann vom inneren Licht durchstrahlt, der Mensch wird sehend, zerreißt die Sklavenketten und wird seiner wirklichen Größe beglückend bewußt.

Für den Geistmenschen ist die Erde nur Übungsplatz, Vorbereitungsstätte für künftige vollkommenere Zustände auf seinem Wege zur Gottheit.

Groß und bewundernswert ist alles, was der menschliche Geist schon auf der Erde geschaffen hat. Doch all das ist gering gegenüber dem, was an Kräften und an Möglichkeiten noch unoffenbart in ihm schlummert. Viele Geheimnisse sind noch unenthüllt, weil das Endliche das Unendliche nicht zu begreifen vermag.

Aber das wird anders werden, denn er ist Träger einer Machtfülle, die des Schöpfers würdig ist.

Wenn ein Mensch zum inneren Licht erwacht, gelangt er alsbald in Verbindung mit anderen, die auf der gleichen Stufe der Erleuchtung stehen. Diese Verbindung vollzieht sich gemäß dem Gesetz der Anziehung des Gleichen. Daher die Möglichkeit der Berührung und Verbindung mit höheren geistigen Wesen und Engeln.

Wenn ein Mensch im gleichen Licht mit den Engeln steht, denkt er wie die Engel. Er ist für die Sprache der Geister empfänglich geworden. Wie weit das erfahrbar wird, hängt von jedem selbst ab, und zwar davon, ob und wie weit er sich aus dem Tiermenschentum zum Geistmenschentum erhebt und lernt, sein Leben und seine Zukunft vom Geiste her zu gestalten. Er muß dahin wirken, daß die göttlichen Triebe, Kräfte und Vermögen in ihm die Oberhand gewinnen, damit er an Weisheit zunimmt und auf dem Wege zur Glückseligkeit vorankommt.

Zum Glück liegt es im Wesen der Entwicklung, daß alles Leben, ob es will oder nicht, vom Niederen zum Höheren aufsteigt. Letztlich dient jede Veränderung, ob sie nun als Glück oder als Leid empfunden wird, vom Ganzen aus ge-

sehen, der Vervollkommnung der Wesen auf dem Wege zur Glückseligkeit.

Auf diesem Wege wird deutlich, daß alles Getrennte zusammenstrebt, daß, was an der Peripherie lebt, nach dem Mittelpunkt strebt, daß, was dunkel und verborgen ist, ans Licht drängt. Am Ende siegen Ordnung und Harmonie über Wirrnis und Chaos. Aller Wesen Wege zielen in Richtung ihrer göttlichen Bestimmung: nach Selbstsein und Einssein.

Dieser Zug zur Einheit ist ein Lebensgesetz aller Wesen. Er bestimmt den Gang aller Handlungen und Dinge. Er liegt als Bedürfnis in den Wesen, als ein innerer Drang zum Rechten. Von da aus wird deutlich, wohin die willige Befolgung dieses Drangs führt.

Trennt der Mensch seine *Gedanken* von der Einheit — und damit von Gott —, fällt er in Irrtum, und die Folge ist Leid.

Trennt er seinen *Wille*n von der Einheit, ergreift er statt des Wahren das Falsche, und die Folge ist Unzufriedenheit und Friedlosigkeit.

Trennt er sein *Handeln* von der Einheit, dann verfällt er dem Laster, und Schmerzen und Disharmonien sind die Folgen.

Den Menschen aus diesem Mißstand der Trennung, aus dem Fall in die Vielheit zur *Einheit* zurückzuführen, ist der Sinn der Weisheitsschule, die ihm helfen will, seiner göttlichen Würde und Aufgabe bewußt zu werden und die verlorene Einheit zurückzugewinnen — die Religio, die Wieder-Verbindung, Wiedereinswerdung mit dem Göttlichen, dessen Wesen Güte ist, dessen Sein Liebe und Licht ist.

Ein Blick auf diesen kosmischen Zug zur Einheit, der allem Geschehen zugrundeliegt, macht deutlich, daß nichts im Leben Zufall ist, daß alles seine Bestimmung hat und nach dem Willen Gottes geschieht, ohne daß dadurch die Freiheit des Menschen eingeschränkt wird.

Daß diese Worte dich erreichen und dein Herz bewegen, geschieht nicht von ungefähr. Dein und mein Schicksal sind zeitlos und unsichtbar miteinander verwoben. In Büchern liegt zumeist mehr Weisheit vergraben als geschrieben. Für den nur mit dem Kopf Lesenden bleiben Worte Worte. Wenn du aber mit dem Herzen liest und dabei zum Selbstdenken angeregt wirst, wird die verborgene Weisheit sichtbar und nutzbar.

Du erkennst dann, daß, was ich hier sage, nicht metaphysische Schwärmerei ist, sondern, wenn du mich auf deiner Reise zu dir selbst als Geleitmann wählst, zur Wegweisung wird zu den Quellen der Kraft in dir und zur Erlangung wachsender Glückseligkeit.

Sobald du die wortelose Sprache des Geistes zu verstehen lernst, tritt an die Stelle toter Begriffe das unmittelbare Begreifen durch Einssein.

Jeder ist berufen!

Was ich hier sage, gilt für alle. In Wahrheit ist jeder berufen und fähig, durch Lösung von der Sinnengebundenheit und Nichterkenntnis zur Innewerdung der Wirklichkeit zu gelangen. Denn in jedem ist — wie in dir — der Quell aller Glückseligkeit: das göttliche Licht. Es muß nur zur Entflammung gelangen, dann wird der Sterbliche seiner Würde als Unsterblicher bewußt.

Schon durch sein Dasein dokumentiert jeder seine Notwendigkeit für das Ganze und sein Berufensein. Jeder wird im gegenwärtigen Leben für eine unendliche Zukunft erzogen. Alles in ihm ist auf Fortschreitung und stufenweise Verwirklichung seiner Glückseligkeit angelegt.

Jede Seele ist zur Aufnahme des göttlichen Lichts geschaffen, nur der Grad der Empfänglichkeit ist verschieden und hängt von der Wachheit und Reinheit des Willens ab.

Jede Seele muß selbst auf die Suche gehen, muß ihren eigenen Weg zur Wahrheit, Wirklichkeitserkenntnis und Glückseligkeit finden und gehen.

Der du Weisheit suchst, um besonnener und gelassener zu werden, Wahrheit, um recht zu leben — laß deinen Eifer nicht erkalten, dein Bestreben nicht erlahmen! Jeder lichtwärtsgerichtete Gedanke ist ein Schritt näher dem Heiligtum, jeder Herzenswunsch ist Annäherung an die Gottheit.

Glücklich der, der in der Mitternacht des irdischen Daseins das Licht eines größeren Morgens ahnt und bewußt seiner Vollendung am Mittag des Neuen Tages entgegenschreitet!

Dazu verhelfen, ist der Sinn der Wissenschaft der Religio oder Wieder-Verbindung des der Ichhaftigkeit verfallenen Menschen mit Gott. Sie wird auch die Königliche Wissen-

schaft genannt, weil sie den Menschen zur Herrschaft über Natur und Leben führt. Und priesterliche Wissenschaft wird sie genannt, weil sie alles heiligt, alles zur Vollkommenheit bringt, überall Segen verbreitet und Glückseligkeit schafft. Sie war seit je die Wissenschaft des Geistes und die Botschaft der Unsichtbaren Kirche aller Heiligen und Erleuchteten.

Von den äußeren Wissenschaften unterscheidet sie sich dadurch, daß sie die Einheit des Menschen mit dem Göttlichen lehrt, von dem die äußeren Wissenschaften nichts wissen. Sie kennt *drei Stufen der Aufschließung der inneren Sinne:*

Die erste Stufe umfaßt die Hinwendung alles Denkens, Fühlens, Wollens und Glaubens zum Göttlich-Guten und das Innewerden der Entsprechungen zwischen der sinnlichen und der geistigen Welt.

Die zweite Stufe führt zum Empfänglichwerden für die geistige Seite der Welt und des Lebens.

Die dritte Stufe umschließt das völlige Wachwerden für die Einheit der diesseitigen und der transzendentalen Welt, die geistige Schau, das Wachwerden für die Unendlichkeit, die in jeder der vielen Kräfte der Seele liegt, die während des irdischen Daseins noch nicht entwickelt werden konnten, das Wachwerden für die reichen Schätze, die jede Seele in sich birgt und die in künftigen Zeiten ans Licht treten werden, von Einzelnen aber schon hier und jetzt gemünzt werden.

Der Ausspruch von Leibniz, daß die Seele ein Spiegel des Universums ist, enthält eine tiefere Wahrheit, als man heute ahnt. Alle Kräfte des Alls sind in der Seele verborgen und warten darauf, daß der Mensch ein lebendiges Organ der Gottheit werde, durch das sie ihre Liebe und Weisheit, Gerechtigkeit und Ordnung manifestieren kann.

Seit den Mysterienlehren der alten Völker spricht man in diesem Sinne von der Praxis der natürlichen Magie. Im weiteren wird deutlich werden, was damit gemeint ist.

Natürliche Magie

Alles, was ist, ist notwendig da und gehört zur Harmonie des universellen Ganzen, in dem das Geringste so wichtig ist wie das Größte.

Da auch du Teil des Ganzen bist, nimmst du am Fortschritt des Ganzen mittelbar und unmittelbar teil, wie du auch beim Denken und Handeln auf das Ganze verändernd einwirkst.

Denn alles ist eins — und alles ist immer.

Alle Unterschiede sind nur scheinbar, sind Sache der Anschauung und Wertung.

Eine der vornehmsten Eigenschaften des Menschen ist die, wirken zu können. Die Kraft und Fähigkeit dazu ist in ihm angelegt. Und je bewußter er wirkt, desto mehr Kräfte und Vermögen werden in ihm wach und wirksam.

In Wahrheit ist nichts ohne Kraft. Darum ist auch nichts ohne Wirkung. Wir Menschen sprechen oft und gern von Magie im Sinne einer Wirkung ohne Ursachen. Aber in Wirklichkeit gibt es keine Wirkung ohne Ursache. Jede Bewegung ist Wirkung von Kräften und weckt Kräfte, und jede Kraft weckt, zielbewußt betätigt, neue Fähigkeiten und bringt sie zum Wirken.

Alles Leben ist Bewegung. Die Seele hat mehr Leben und größere Wirkkraft als der Körper, und der Geist mehr als die Seele. Der Geist ist der Quell aller Kräfte, deren Betätigung ich als natürliche Magie bezeichne.

Wenn auch die meisten nur die äußeren Auswirkungen der Kraftbetätigung wahrnehmen, nicht die viel wichtigeren und entscheidenderen auf das Innere der Wesen und Dinge, so sind doch die letzteren an ihren Rückwirkungen erkennbar.

Die magische Einwirkung auf die Umwelt von innen her

hat eine Vielzahl von Graden der Bewußtheit, Wirk- und Wandlungskraft, deren höchste Grade von den noch der Nichterkenntnis Verhafteten als ›*Wunder*‹ gewertet und angestaunt werden, obwohl sie für den, der um die inneren Kräfte und Gesetze weiß, nichts Geheimnisvolles und Unerklärliches enthalten.

Hingegen: Dinge bewirken zu wollen, die dem Gesetz von Ursache und Wirkung widersprechen, ein ›Magus‹ im falschen Sinne des Wortes werden zu wollen, ohne Seele und Geist im geringsten dafür vorbereitet zu haben, ist ebenso unsinnig wie gefährlich.

Versuche dieser Art, wie sie von Möchtegern-Magiern unternommen werden, entfernen den Menschen von wahrer Weisheit und bleiben fruchtlos. Sie konzentrieren alles auf das kleine Ich und führen auf Abwege und ins Verderben.

Wer immer die Kräfte der Natur und des Geistes zu Dienern seiner Ichsucht zu machen trachtet, häuft Elend auf seinen Scheitel. Solche Pseudo-Magier gleichen Kindern, die mit dem Feuer spielen, das sie, einmal entzündet, nicht mehr meistern.

Wissen schadet mehr als Nichtwissen, wenn es mißbraucht wird, wie es heute so oft der Fall ist. Unreife und unedle Naturen, die Aberglauben und Weisheit durcheinandermengen, mischen sich gern unter die wahren Adepten und befleißigen sich dabei eines mystischen Tons, um ihre Umwelt zu täuschen. Darum der immer wiederholte Rat der Weisen, alles zu prüfen, um das Wahre vom Falschen zu scheiden und nicht auf Irrwege zu geraten.

Bei der natürlichen Magie handelt es sich nicht um haltlose Hirngespinste und Schwärmereien, sondern um eine exakte Wissenschaft der geistigen Kräfte und Fähigkeiten des Menschen, die von den Weisen aller Zeiten im stillen gepflegt und an Menschen, die dafür reif waren, weitergegeben wurde.

Die wahre Magie ist höchste Weisheit, die mit der Liebe verschwistert ist. Sie führt auf den von jedem betretbaren Weg zur Meisterung der irdischen Dinge und Bedingungen durch den Geist. Nur wer diese Wissenschaft dem Wohl der Menschheit weiht, ist ein wahrer Magus.

Diese Wissenschaft war den Persern und Chaldäern, Griechen und Ägyptern bekannt. Sie hatte ihre Verehrer und ihre Lehrer im Osten wie im Westen. In längst versunkenen Zeiten wurden Könige in dieser Wissenschaft unterrichtet. Darum wurden sie Magi genannt. Sie waren fähig, Wunder der Wandlung zu bewirken.

Aber mit der Zunahme der Ichsucht entartete auch die Magie. Wer geistige Kräfte betätigt, aber kein gutes Herz hat, verwendet sie zum Bösen. So entstand aus der natürlichen oder weißen Magie die *schwarze Magie,* die bis zum heutigen Tage so viel Unheil angerichtet hat.

Der versteht das Wesen der Magie der Alten nicht, der ihre Hieroglyphen und Lehren nur sinnenhaft und buchstäblich nimmt. Denen, die nur die Oberfläche wahrnehmen, erscheint alles als sinnloser Aberglaube. Wer aber ins Innere der Geheimnisse dringt, das geistige Band gewahrt, das alles zu einer lebendigen Einheit verknüpft, erkennt den symbolischen, gleichnishaften Charakter der Lehren und Handlungen der Magier und erfaßt die zugrundeliegende Weisheit.

Um das noch deutlicher zu sagen:

Die natürliche, lichte oder weiße Magie heißt *Theosophia:* Kenntnis Gottes, Annäherung an Gott, Gottesweisheit, Wirken durch die Kraft Gottes.

Die zweite Abteilung der wahren Magie heißt *Anthroposophia:* die Wissenschaft menschlicher Weisheit. Man kann Anthroposoph sein und nie zu der Würde des Theosophen, des Gottesweisen, gelangen. Wer hingegen Theosoph ist, besitzt auch das Weistum der Anthroposophia.

Der Gegenpol, die schwarze Magie, teilt sich gleichermaßen in die *Kakosophia* und *Kakodaemonia.* Die erstere ist Abweichung von Gott, Entfernung vom göttlichen Licht und Hinwendung zur Finsternis und Selbstsucht durch Mißbrauch der geistigen Kräfte. Ihre Schwester, die Kakodaemonia, wird symbolisiert durch das Verbrechen des Epimetheus, des Bruders des Prometheus, der sich bereden ließ, die Pandora bei sich aufzunehmen. Er öffnete die unheilvolle Büchse der Pandora, wodurch das Übel in die Welt kam.

Die Folgen der schwarzen Magie werden auch symbolisiert durch die Untaten der Danaiden, der Töchter des Königs Danaos, die in der Hochzeitsnacht ihre Männer ermordeten und dafür in der Unterwelt unablässig Wasser in ein durchlöchertes Faß schöpfen mußten und so die Opfer des von ihnen ausgelösten Unheils wurden.

Aus diesem Grunde tadelt kein Vernünftiger die Bemühungen der Weisen, ihr Wissen um die Kräfte der Natur und des Lebens und um die Geheimnisse der Magie vor ichhaft-sinnengebundenen Menschen verborgen zu halten, damit nicht von Gier und Leidenschaft Mißleitete diese

Kenntnisse zum eigenen Schaden und zum Nachteil für ihre Mitmenschen mißbrauchen.

Sie haben durchaus Verständnis für den Hang der Menschen nach dem Geheimnisvollen als Ausdruck der ihnen innewohnenden Sehnsucht nach dem Höheren, Übersinnlichen, Numinosen, Göttlichen. Aber sie wissen, wie notwendig es ist, diesen Hang in Richtung wahrer Erkenntnis und rechten Willens und Handelns zu lenken.

Die wahre Magie macht deutlich, wie alles, was geschieht, Folge von Wirkungen ist und wie jede Wirkung auf Kräfte zurückgeht, die es zu meistern und weise anzuwenden gilt. In der rechten Anwendung dieser Kräfte liegt der Schlüssel zur Freiheit des Menschen.

Die Weisen wissen auch, daß jede Kraft weit mehr Wirkungen hat, als gemeinhin erkannt wird, und daß alle Kräfte und Wirkungen zusammen eine Kausalkette bilden, an deren Anfang und Ende die göttliche Allkraft steht.

*

Nun ist aber heute das Zeitalter der Hieroglyphen vorbei. Unsere Zeit ist reif geworden für die Erschließung der Geheimnisse der Magie.

Glücklich der, welcher hier mit der Verkündung der Wahrheit und gutem Beispiel vorangeht, da sein Wirken künftigen Jahrhunderten dient. Er hilft mit, die Nebel der Finsternis, die Wolken der Irrtümer zu vertreiben und die Menschen zu befähigen, aus eigener Einsicht ins Innere der Natur und des Lebens zu schauen und in Demut die Größe der Gottheit zu erkennen.

Noch zwar sehen die meisten das Reich der Magie wie eine ferne Insel, die zu erreichen sie sich sehnen. Noch muß man sie warnen, sich nicht jedem Nachen und nicht jedem

Schiffer anzuvertrauen. Mit Unerfahrenen oder Böswilligen können sie ein Leben lang umherfahren ohne die Hoffnung, die Insel der Seligen zu erreichen. Ihr Boot kann an unsichtbaren Riffen zerschellen, auf Sandbänken sitzenbleiben oder an Küsten geworfen werden, wo Lüge und Betrug herrschen . . . Darum die Warnung der Weisen, daß sie sich von der Vernunft leiten lassen, alles prüfen, was ihnen dargeboten wird, und nur das annehmen, von dem ihnen der innere Sinn sagt, daß es zum Göttlichen führt.

Du hast — sagen sie dem Wahrheitssucher — Augen und Ohren. Bei dir liegt es, mit deinen Augen zu sehen, was die meisten nicht sehen, mit deinen Ohren zu vernehmen, was die anderen nicht hören, und mit dem inneren Intuitionssinn zu erkennen, was den noch Unerwachten verborgen bleibt.

Das Geheimnis heißt: *Hingabe.* Hingabe führt zur Verschmelzung und Einung, Einswerdung zur Wirklichkeits-Erkenntnis und zur Glückseligkeit.

Macht der Gedanken

Zu den schicksalgestaltenden Kräften der Seele gehören die der Gedanken, der Wünsche, des Willens und des Glaubens, die von den meisten unbewußt falsch betätigt werden.

So unsichtbar wie die Kraft eines Magneten oder die Elektrizität ist die der Gedanken, aber ebenso wirksam. Früher wurde der erfolgreiche Einsatz dieser Kraft als Wunder und Magie gewertet; heute weiß man, daß sie so natürlich sind wie der Magnetismus.

Magisches Wirken, gedankliche Fernwirkung ist möglich, weil innerlich alles mit allem zusammenhängt und alles sich wechselseitig beeinflußt als Teil eines universalen organischen Ganzen. Jede stärkere Kraft wirkt richtungbestimmend auf schwächere Kräfte, jede Plus-Kraft auf die Minus-Kräfte.

Dabei können wir unsere irdische Welt nicht isoliert betrachten, denn sie ist Teil des Universums. Ebenso kann man den Menschen nicht gesondert betrachten, denn er ist ein Teil der Menschheit und des universalen Lebens. Gedanken strömen von einem Teil zum andern und zurück. Und sie wirken in anderen Wesen, als dächten diese selbst.

Wer seine Gedanken beherrscht und weise lenkt, gewinnt entsprechenden Einfluß auf seine Umwelt, die ja Spiegelbild der inneren Welt ist. So kommt es, daß die gleichen Dinge anders wirken, wenn die Einstellung zu ihnen sich ändert. Woraus sich ergibt, daß die Dinge nicht so sind, wie sie erscheinen. Ihre Wirkung auf uns hängt von unserer Wertung, unserer Einstellung ab.

Praktisch ist *jeder Gedanke eine Tat,* die mit entsprechender Verantwortung verbunden ist. Gleiches gilt von jedem gesprochenen *Wort.*

Wenn jeder die Gedanken der anderen lesen könnte, dann

wären Sprache, Schrift und andere Mittel der Verständigung unnötig und ungebräuchlich, zumal die Gedanken sich zeitlos ausbreiten . . . Aber die Seele schmachtet in Körperfesseln und das Auge der Erkenntnis ist blind. So ist die Seele gezwungen, für das sinnengebundene Bewußtsein sinnliche Mittel und Werkzeuge zu benutzen, um ihre Gedankensprache physisch wahrnehmbar zu machen. Daher braucht sie Wort und Schrift und Hieroglyphen als Versinnbildlichung der Gedanken.

Aber es liegt in der Kraft des menschlichen Geistes, seine Gedanken auch unmittelbar zu übertragen und die Gedanken anderer aufzunehmen und zu beantworten. Auf die Entfaltung dieser von den meisten ungenützten Kraft zielt die natürliche Magie, wie die schwarze Magie ihren Mißbrauch lehrt.

Wenn ich hier von ›Geheim-Wegen zur Glückseligkeit‹ spreche, meine ich mit ›geheim‹ nichts, was anderen verborgen oder vorenthalten wird, sondern lediglich das, was von den meisten nicht beachtet wird, weil sie nicht genauer hinsehen, sondern sich Illusionen hingeben.

Nur der Weise forscht den Geheimnissen der Natur und des Lebens nach und bedient sich ihrer Kräfte, wobei er jeweils den Weg geht, der seinem Wesen am gemäßesten ist. Ihm ist die Natur ein Freund, der keine Geheimnisse hat für den, der seiner Freundschaft würdig ist.

Er bedient sich der Macht der Gedanken durch Schulung der Imaginationskraft, d. h. der inneren Bildekraft oder ›Einbildungskraft‹.

Wesen, Dinge und Umstände wirken auf den Menschen nicht nur durch den sinnlichen Eindruck, den er von ihnen gewinnt, sondern auch und oft weit mehr durch Vorstellungen, die er an sie knüpft oder die ihm von den Wesen zustrahlen oder von den Dingen zurückgestrahlt werden.

Man spricht hier oberflächlich von ›Einbildungen‹ im Sinne von Illusionen, obwohl im Grunde alles, was wir wahrnehmen, Sinnentrug und in Wirklichkeit anders ist, als wir es sehen.

Es ist aber ein Unterschied, ob ich mich von äußeren Eindrücken zu ›Einbildungen‹ verleiten lasse oder ob ich bewußt etwas in mich hineinbilde, um ihm von innen her zur Verwirklichung zu verhelfen.

Um das letztere geht es bei der natürlichen Magie.

Da nichts gefährlicher ist als eine unbeherrschte oder gar zerrüttete Phantasie, die mit den von ihr geweckten Wünschen und Begierden nur Unheil auslöst, ist es unerläßlich, daß die Imaginationskraft der Seele beherrscht und in den Dienst fortschreitender Höherentwicklung gestellt wird. Sie muß positive Veränderungen fördern helfen und dazu von der Vernunft und Weisheit geleitet werden. Denn ohne diese kein klares Erkennen, ohne Weisheit keine Tugend — und ohne diese keine wahre Glückseligkeit.

Rechte Imagination wird zum Denk- und Tat-Ansporn. Sie befähigt die Seele, nur den innerlichen Sinnen wahrnehmbare Dinge und Bedingungen so lebendig zu vergegenwärtigen, daß auch die äußeren Sinne davon beeinflußt werden.

So kann schon die Erinnerung an einen Freund uns so lebhaft vor Augen stehen, als sähen wir ihn leibhaftig vor uns. Die Folge mag sein, daß in unserem Freunde ein gleiches

Vorstellungsbild lebendig wird. Der innere Bildesinn der Seele versetzt den Menschen gleichsam in eine transzendente Welt, in der die Schranken von Raum und Zeit aufgehoben sind.

Dabei kann die Imaginationskraft so weit gesteigert werden, daß der Geist eines Menschen erscheint — mag dieser nun unter den noch Verkörperten weilen oder schon heimgegangen sein. Zu prüfen bleibt aber in jedem derartigen Fall, ob es sich bei solchen Erscheinungen um selbstgeschaffene Sichtgebilde handelt oder um Sichtungen fremder Gedanken oder geistiger Wesen.

Viele Geister- und Teufelserscheinungen, insbesondere wenn sie nach Verwendung von Räucherwerk und Rauschmitteln wahrgenommen werden, sind Produkte überhitzter Einbildungskraft. Ich habe selbst früher traurige Erfahrungen mit solchem Räucherwerk gemacht, das die Gefahr des Verlusts der Gesundheit, des Verstands, ja des Lebens mit sich bringt und bis zum Gespensterwahn führen kann.

Wer Imaginations-Fehlleistungen vermeiden will, muß seine Gedanken überwachen und stets prüfen, ob sie ungezügelt und heftig sind, umherschweifend und veränderungssüchtig. Er muß dafür sorgen, daß sie stetig und lenkbar werden, damit sie, beherrscht und gezügelt, in gleichmäßigem Fluß zu dem hinführen, was man von innen her verwirklichen will.

Recht geleitete Imaginationskraft kann zu außergewöhnlichen Ergebnissen führen, wenn man bedenkt, daß Raum und Zeit, Vergangenheit und Zukunft Attribute der Körperwelt sind, während das Reich der Gedanken, die geistige Welt, von diesen Beschränkungen frei ist. Hier ist alles Künftige schon Gegenwart, alles Ferne nah und alles Getrennte eins.

Die Erfahrung lehrt, daß und wie lebhafte Vorstellungen

körperliche Reaktionen auslösen. Schon der Gedanke an den Genuß einer Speise veranlaßt Speicheldrüsen, Magen und Darm zu entsprechenden Sekretabsonderungen und Handlungen. Jede Vorstellung wird über Gehirn, Nerven, Muskeln und Organe zum Tat-Anreiz, wobei der Grad der Verwirklichung vom Maß der Anschaulichkeit der Vorstellung abhängt.

Ebenso ruft die Vorstellung eines Schmerzes, einer Krankheit die entsprechenden Erscheinungen mit allen damit einhergehenden Unannehmlichkeiten hervor. Gegenteilige Vorstellungen des Stark- und Gesundseins heben die Übel auf. Die Imaginationskraft schafft dabei immer von innen nach außen. Alles geht vom Geiste aus. Je nach der positiven oder negativen Ladung der Vorstellungen wirken sie sich als produktive oder als Leiden schaffende Kraft aus.

Wir beobachten hier mannigfache Wechselwirkungen zwischen Seele und Körper: wie ein Gallenleiden zu Mißlaune geneigt macht, zu Ausbrüchen der Ungeduld oder des Unwillens, so können umgekehrt leidenschaftliche Äußerungen des Unmuts oder Zorns ein Gallenleiden auslösen oder verschlimmern, das wiederum durch beharrliche Äußerung positiver Gedanken behoben werden kann.

All das zeigt, wie notwendig die Beherrschung und Lenkung der Gedankenkraft ist. Denn keine Kraft der Seele ist unruhiger und wirksamer als die Imagination. Recht geleitet verhilft sie zudem zu einem unerschöpflichen Strom von Ideen und bewirkt, daß Sinne und Körper bei der Arbeit nicht ermüden.

*

Damit die Imaginationskraft den Weisungen der Vernunft folgt, müssen wir jederzeit unserer Bestimmung, unseres hohen Lebensziels sowie der jeweiligen Etappe unseres Weges dorthin bewußt sein, damit alle inneren und *äußeren Wandlungen und Handlungen auf das Endziel ausgerichtet bleiben. Alsdann tritt die Imaginationskraft in den Dienst der Mehrung der Glückseligkeit.*

Recht gelenkte Imagination verdoppelt die physischen Kräfte und vergrößert und veredelt alles, was sie berührt. Wenn sie durch einen Weisen spricht, horcht die Menge auf und gehorcht. Ein Mensch tritt auf — und tausende folgen und gehorchen ihm.

Alle Erfahrungen gewinnen durch die Imagination eine neue Gestalt und Wertung. Sie werden je nachdem gemindert oder vertieft, verhäßlicht oder verschönt.

Wie gesagt, kann der, der diese Kraft beherrscht und recht zu lenken gelernt hat, Außergewöhnliches vollbringen — je nach Temperament, geistiger Wachheit und Konzentration.

An Gedankensammlung Gewöhnte und Geistesgegenwärtige beherrschen die Umstände leichter als die innerlich Ungesammelten. Die ersteren wissen stets, was zu tun ist — und tun es. Sie bewahren und erhöhen ihre Wirkkraft und setzen ihre Gedanken mit erhöhtem Erfolg in Taten um. Sie achten darauf, daß Ordnung, Reihenfolge und der innere Zusammenhang der Dinge und Geschehnisse nicht gestört werden und daß sie stets Herr der Veränderungen bleiben. Sie halten das Steuerrad ihres Lebensschiffleins fest in der Hand und entdecken zumeist als erste neue Gelegenheiten des Vorankommens.

Die beherrschte Imaginationskraft ist die Mutter aller Erfindungen und neuen Erkenntnisse. Sie erweitert die Grenzen des geistigen Sehkreises und eröffnet neue Fernblicke auf noch unbekannte und unerforschte Gebiete des Wissens und Könnens.

Auf dem Wege zur Selbstmeisterung

Eine wertvolle Hilfe auf dem Wege zur Höhe sind neben der Imaginationskraft *Wille und Glaube.*

Durch seinen Willen wird der Mensch ein aktives Geschöpf. Mit jedem mutigen Willensimpuls entfernt er sich von Schwächen und Erkenntnismängeln und nähert sich der Gottheit.

Zu unterscheiden ist hier der bloß sinnenhafte Wille, der aus der Selbst- und Weltliebe entspringt, vom geistigen Willen, der sich in Werken der Gottes- und Nächstenliebe offenbart.

Wer seinen Willen durchsittlichen und vergeistigen und damit zu einer schicksalwandelnden Kraft entfalten will, muß sich dem Geistmenschentum und der Gottesweisheit zuwenden. Je vollkommener sich geistiges Erkennen und geistiges Wollen einen, desto entschiedener bestimmen sie den Fortschritt und das künftige Dasein.

Im letzteren läuft die Erziehung zu rechtem Wollen auf die zunehmende Einung des menschlichen Willens mit dem göttlichen hinaus. Der geistige Wille wird dann zum Werkzeug des göttlichen Willens.

Hier ist der Punkt, wo Wille und Glaube zusammengehen. Glaube meint nicht, daß man etwas für wahr hält, von dem andere sagen, daß es wahr sei, sondern daß man jene Kraft der Überzeugung betätigt, die Unvollkommenes vollkommen macht.

Wahrer Glaube ist Geistesspeise, wie Licht die Nahrung der Seele ist. Wer seinen Glauben festigen will, muß geistigen Hunger spüren und die rechte Geistesspeise zu wählen und zu verdauen imstande sein.

Die Ungläubigen nennen alles Aberglauben, was ihrem Glaubensunvermögen nicht entspricht. Die Abergläubischen werden alles Unglauben heißen, was nicht Aberglaube ist. Diese beiden Strebungen werden sich untereinander im Kampf aufreiben. Die Stürme der Leidenschaften, die dabei entstehen und die Schicksale der Menschen bestimmen, werden lang anhalten. Aber am Ende des gegenwärtigen Zeitalters werden Erkenntnis, Weisheit und Religion die Menschen aus der Verwirrung herausführen und in das Reich der Ordnung, Harmonie und Glückseligkeit geleiten.

Dabei wird sich zeigen, daß es *vier Stufen der Erkenntnis* gibt:

Am wenigsten gewahrt, wer nur durch die Körpersinne zu erkennen sucht, mehr der, der mit der Seele erkennt, am meisten, wer mit Gott und durch Gott erkennt.

Der Weg des Menschen zur Erkenntnis beginnt mit der Stufe der *geistigen Kindheit*. Hier schmachtet die Erkenntnis noch in den Banden der Finsternis und Wirklichkeitsblindheit. Der Mensch genießt die Wohltaten Gottes, ohne die Hand wahrzunehmen, die sie ihm darbietet. Sein Verhalten ist passiv. Auf dieser Stufe steht der Großteil der Menschheit.

Die nächste Stufe ist die der *geistigen Jünglingsjahre*. Der Mensch spürt wachsenden Drang zum Erkennen, aber Sinnlichkeit, Verführung und Leidenschaften fesseln seinen Geist und hindern ihn, sich emporzuschwingen.

Die dritte Stufe ist die der *geistigen Mannesjahre*. Auf dieser Stufe nimmt die Ahnung der geistigen Weltgesetze zu.

Ihr folgt die Stufe der *geistigen Reife*, beginnend mit der Erkenntnis der Allgegenwart eines höchsten Wesens und des eigenen Verhältnisses zum Universum, die sich durch Glauben und Demut äußert.

Daran schließt sich dann als Krönung der inneren Entwicklung die geistige Wiedergeburt, bei der Glaube und Tun eins geworden sind, der Mensch zum Tempel Gottes wird und die Teilnahme an der göttlichen Einheit erlebt. Es ist die Stufe, zu der die wahren Weisen, Illuminaten und echten Magier sich erheben, auf der sie zu Zeugen, Trägern und Wirkern der Urkraft werden.

Ihr Weg führt sie über die Reinigung und Betrachtung zur Lichtwerdung und Vereinigung. Sie lernen, das Tote lebendig zu machen durch die Kraft dessen, der das Licht der Welt und der Geist der Liebe und Weisheit ist.

Die wahren Weisen wollen keine Rolle in der Welt spielen. Sie versprechen auch keine Wunder. Sie gehören keiner Gemeinschaft, Sekte, Partei oder sonstigen Verbindung an. Sie reizen auch nicht die Neugier und Sensationslust durch das Vorgeben, Hüter heiliger Geheimnisse zu sein oder als Sprachrohr höherer Mächte zu wirken. Sie leben und wirken in der Stille als Heger der Schätze des Geistes, die sie den dafür Aufgeschlossenen als Geschenke darbieten, um sie zum Guten zu leiten und ihr Vermögen zu mehren, vom Glauben zum Wissen weiterzuschreiten und selbst Mitglieder der universalen Weisheitsschule der geistigen Lichtgemeinde zu werden.

Die wahren Weisen helfen den Wahrheitssuchern, zuerst und vor allem, dem Grundgesetz der Ethik zu folgen, der Grundlinie aller Lebensordnung, indem sie sich gewöhnen, das Gute zu denken, zu wollen und zu tun. Diese Einheit im Denken, Wollen und Tun des *Guten* bildet die Basis aller Sittlichkeit. Die Einheit im Denken, Wollen und Wirken des *Wahren* ist die Basis aller Wissenschaft; und in allem das *Eine* — den Einen — zu denken und seinen Willen zu tun, ist die Basis aller Religionen.

Da die göttliche Liebe alle Wesen gleichermaßen umfaßt, ist nach dem Gesetz der Gegenseitigkeit Gottesliebe und Nächstenliebe bei den Geschöpfen die natürliche Folge, soweit diese nicht dem gierenden Ich, sondern dem innersten Selbst gehorchen. Liebe zu Gott und dem Nächsten ist praktische Religion.

Was wäre das Ich ohne Du? Die Natur kennt und schafft keine isolierten Wesen; ihr Gesetz heißt Vereinigung. Ziel der göttlichen Liebe, die alles umhegt, ist Zusammenfassung. Unselig das Glied, das sich aus der Kette der Dinge löst. Kein Wesen ohne Verbindung mit seinesgleichen zu Fortschritt und Vervollkommnung.

Alles ist gut, wo diese Gegenseitigkeit sich auswirkt. Hört sie auf, entsteht Unordnung der Dinge, Zwiespalt, Zwietracht und Leid. Das Bestreben, wohltätig gegeneinander zu wirken, reicht vom Stein über die Pflanzen und Tiere bis zum Menschen und weiter zu den Engeln und höchsten Wesenheiten im All. Es ist auch das Band, das Geschöpf und Schöpfer miteinander verknüpft.

Je edler und höher ein Wesen, desto weiter entfernt es sich von der Ich- und Weltliebe, desto williger wendet es sich der Gott- und Nächstenliebe zu. Wenn so jeder den an-

deren wie sich selbst behandelt, ist aller Wohl gesichert. Wenn alle eins sind, herrscht in der Gemeinschaft Glückseligkeit.

Das Gesetz des Glücks heißt: Liebe. Es fordert: Erkenne im Nächsten dein anderes Selbst und liebe ihn wie dich selbst! Dadurch näherst und einst du dich zugleich mit deinem Selbst dem All-Selbst der Gottheit.

Einen Vorgeschmack der Glückseligkeit des Einsseins kostet der Mensch hienieden im Gefühl wahrer Freundschaft und zärtlicher Liebe, gereinigt von den Schlacken der Ichsucht und Sinnlichkeit. Je reiner und vollkommener diese Liebe, desto weiter dehnt sie den Kreis ihrer Tätigkeit, und desto mehr Wesen werden durch sie beglückt.

Die Älteren Brüder der Menschheit, die Angehörigen höherer Entwicklungsstufen in der Reihenfolge des Lebendigen verbinden sich durch ihre Liebe mit ihren weniger entwickelten jüngeren Brüdern und Schwestern in der Menschen- und Tierwelt, um auch ihnen auf dem Wege zur Höhe voranzuhelfen.

Je vollkommener ein Mensch in der tätigen Gottes- und Nächstenliebe wird, desto lichter wird sein Wesen und desto mehr assimiliert er sich den Wesenheiten der höheren geistigen Welten — bis hinauf zum Allgeist der Liebe, dem sich niemand nähern kann als das Wesen, das ihm an Liebe gleich ist.

Eines Tages wirst du verstehen, daß Leben Liebe ist und daß die Liebe die höchste Form des Lebens ist — das göttliche Band, das alle Wesen eint — in ihr offenbart sich das letzte Geheimnis des Menschseins.

*

Das Geheimnis des Menschseins

Der Mensch ist ein zwiefaches Wesen: er ist ein materielles, zerstörbares, vergängliches Geschöpf — und zugleich ist er eine geistige, unzerstörbare, unvergängliche Wesenheit. Die Letztere war vor dem ersteren.

Der falsche Begriff von Geist und Materie ist eine der Hauptursachen, daß uns manche Glaubenswahrheit nicht im rechten Licht erscheint und darum mißverstanden wird.

Der *Geist* ist Wesenheit, absolute Realität. Seine Eigenschaften sind Einfachheit, Unteilbarkeit, Fortdauer und Unzerstörbarkeit. Die *Materie* ist Aggregat, Beimengung, Zusammengesetztes, teilbar und der Veränderung und dem Vergehen unterworfen.

Die metaphysische Welt ist das Reich der Wirklichkeit, unzerstörbar, dessen Bewohner wir unter den Namen von Geistern und Engeln kennen. Die physische, materielle Welt ist das Reich der Erscheinungen, und was wir in ihm wahrnehmen, ist relativ, bedingt, voller Täuschungen, vergänglicher Schatten der Wirklichkeit.

Dementsprechend unterscheiden wir beim Menschen den *sichtbaren äußeren* und den *unsichtbaren inneren Menschen.* Den einen nennen wir den *Tiermenschen,* den anderen den *Geistmenschen.*

Je mehr der Geistmensch über den Tiermenschen herrscht, desto vollkommener und glücklicher ist der Mensch.

Seinem Wesen nach aus unzerstörbarer methaphysischer Substanz, aus Energie bestehend, ist der Geistmensch während seiner Verkörperung gewissermaßen vom Tiermenschen eingeschlossen, in ihn eingebettet. So sehen wir zwei widersprechende Naturen im Menschen zusammengekettet: die vergängliche Körperlichkeit (die Persönlichkeit) fesselt den Geist ans Sinnliche, das unvergängliche Wesen (die

Individualität) ringt nach Freiheit von der Sinnengebundenheit und sucht die lichte Erhabenheit der geistigen Welt als seiner wahren Heimat.

Daher der ständige Streit zwischen dem Guten und dem Bösen als dem Schatten des Guten. Das Gute will Vernunft und Sittlichkeit, das Böse führt laufend zu Irrtum und Leidenschaften. So steht der Mensch im ständigen Kampf zwischen dem Guten und dem Bösen, dem Lichten und dem Lichtlosen, dem Wahren und dem Falschen. Er überwindet und wird überwunden, er geht bald aufwärts und fällt bald in Abgründe, sucht sich wieder zu erheben und strauchelt von neuem.

Vom Sinnlichen zum Übersinnlichen

Was die groben Sinne des äußeren Menschen nicht wahrnehmen, ist für ihn nicht vorhanden. Aber je feiner seine Sinne werden — insbesondere, wenn die inneren Sinne der Seele zu erwachen beginnen —, desto mehr Dinge werden für ihn existent. Er nimmt dann wahr, was die anderen nicht sehen. Eine neue Welt tut sich ihm auf, die für ihn soweit greifbare Wirklichkeit wird, als sein Wahrnehmungsvermögen für sie reicht.

Einiges davon spüren wir in den Werken der Dichter, noch mehr in den Kündungen der Seher, Propheten, Erleuchteten und geistigen Lehrer. Je weiter das Erwachen des Geistes fortschreitet, desto umfassender wird seine Wirklichkeitserkenntnis und sein Verständnis für die Weisheit der Alten, für die Wahrheit der Mysterien, für die Frohbotschaft der Religionen.

Jeder Mensch befindet sich auf dem Wege von der Sinnengebundenheit und Nichterkenntnis zum übersinnlichen Erkennen.

Auf der gegenwärtigen Entwicklungsstufe unserer leibseelischen Konstitution ist uns noch vieles unbegreiflich, was Weiterblickende längst als Wahrheit erkannten. Aber immerhin weiß man heute, daß, wenn der Mensch andere Sinne hätte, er andere Seiten der Wirklichkeit wahrnehmen würde, die ebenso real sind wie das, was seine jetzigen Sinne ihn erkennen lassen.

Nun wird mit dem Wachstum der Seele auch ihr Körperkleid ständig an Feinheit und Sensibilität gewinnen. Die Körpersinne verfeinern sich, so daß manches früher Unfaßliche heute begreifbar wird.

Im Menschen schlummern zahllose Kräfte und Fähigkeiten, die auf seine Höherentwicklung hinweisen und dafür notwendig sind. Mit ihrer Entwicklung wird er fähiger, bisher Unbegreifbares seinem Wesen nach zu erkennen. Es ist gut, daß er sich so allmählich dem Licht der Wahrheit nähert und tiefere Zusammenhänge zwischen Außen und Innen, Unten und Oben wahrnimmt.

Im gleichen Maße wird ihm schrittweise alles Sinnenhafte zum Spiegel des Übersinnlichen. Die Natur wird ihm zum Schlüssel zu den geistigen Welten.

Weise geworden, sieht der Mensch überall Entsprechungen. Er schließt von physischen Gesetzmäßigkeiten auf die entsprechenden geistigen Gesetze und macht sich die erkannten Analogien bedachtsam dienstbar. Er lernt, seine Kräfte im Dienste des Guten und der Vervollkommnung seiner selbst, seiner Umwelt und des Lebens einzusetzen.

Damit wird immer mehr von dem, was früher, weil unbegriffen, ins Reich der *Magie* verwiesen wurde, als Teil der miteinander korrespondierenden Natur und Übernatur des Geistes ergründet, begriffen und sinnvoll genützt.

Hierbei kommt dem Menschen ein Sinn zu Hilfe, der heute und in Zukunft immer mehr aus dem Schlummer erwacht.

In den Mysterienschulen der Vergangenheit haben Weise diesen Sinn in vielen Menschen auf dem Wege stufenweiser Erleuchtung zum Wirken gebracht, so daß ihnen Glaubenswahrheiten zu selbstverständlichen Gewißheiten wurden.

In Einzelnen wurde dieser innere Sinn soweit erschlossen und aktiv, daß sie göttliche Visionen hatten und zu geistigen Lehrern oder Propheten wurden. Sie waren zu ihren Zeiten meist unerklärliche Rätsel für die Sinnenmenschen, weil deren Intuitionssinn noch unentfaltet war.

Aber heute weiß man, daß der in jedem schlummernde *Intuitionssinn* neue Wirklichkeiten wahrnehmbar macht, die zwar immer da sind, aber nicht bemerkt werden, solange das Aufnahmeorgan dafür fehlt oder schläft. So sind Licht und Farben immer da, obwohl der Blinde sie nicht sieht, Töne und Harmonien, obwohl der Taube sie nicht hört. So ist auch die geistige Welt für die meisten Menschen nur darum nicht da, weil das Organ, das sie wahrnehmbar macht, noch unentfaltet ist. Wird es entwickelt und betätigt, fällt es einem wie Schuppen von den Augen und man sieht sich vom Reich der Erscheinungen in das der Wirklichkeit versetzt.

Bevor dieses Organ für die größere transzendentale Wirklichkeit — der Intuitionssinn — sich nicht öffnet, fehlt das Verständnis für höhere Wahrheiten. Es fehlt der Blick in die geistigen Welten und das Empfangsvermögen für die lautlose Sprache des Geistes und der Geister.

Im Erwachen des Intuitionssinns liegt das Geheimnis des neuen Menschen, der Beginn der Wiedergeburt, der Erleuchtung und der Einswerdung mit dem Göttlichen und damit die Erfüllung der höchsten Bestimmung allen Menschentums.

Mit dem Erwachen des Intuitionssinns übernimmt der innere Mensch, der Geistmensch, die Herrschaft über den äußeren oder Tiermenschen und erkennt seine Bruderschaft mit allem, was lebt.

Wo einer noch in der Morgenröte des Selbst-Erwachens steht, wird der Intuitionssinn als Ahnungsvermögen aktiv. Ahnungen sind Vorgefühle kommender Veränderungen, die aus der Seele heraufsteigen und für die das Nacheinander in der Zeitlichkeit zum Nebeneinander wird.

Wie das Steigen und Fallen der Quecksilbersäule im Barometer Vorahnung künftiger Witterung ist, und wie auch Menschen mit sensitivem Nervensystem Witterungsveränderungen im voraus spüren, so wittert die Seele, in der der Intuitionssinn erwachen will, nahendes Geschick als unmittelbar gegenwärtig.

Wie der Sonnenstrahl unmerklich das Glas durchdringt und nur im Spiegel sichtbar wird, der zur Reflexion geeignet ist, so nimmt der innere Sinn Dinge und Vorgänge wahr, die für die Körpersinne unerkennbar sind, sich aber in der Seele widerspiegeln.

Erwacht, führt der Intuitionssinn zur Vorausschau, bei der die Seele gewissermaßen örtlich und zeitlich versetzt wird. Für den Geist existieren die Schranken des Raumes und der Zeit so wenig wie sonstige Hindernisse. Seine Kraft ist der Gedanke und der Wille, durch den er unbeschränkt wirkt.

Das geschieht auch bei geistig noch unentfalteten Menschen hier und da, nur daß dann in die äußeren Sinne lediglich ein schwacher Abglanz des innerlich Geschauten fällt. Und auch dies nur, soweit einer sich daran gewöhnt hat, seine Imaginationskraft zu betätigen, die ihn instand setzt, innere Bilder oder Gesichte auch den äußeren Sinnen bewußt zu machen.

Es ist verständlich, daß jeder Schimmer des Lichts, der als Folge einer seelischen Erhebung bis in die Körpersinne durchdringt, vom geistig noch unentwickelten Menschen als wunderbare Erscheinung, als übernatürliche Erfahrung gewertet wird, die ihn die Lichtheit und Erhabenheit der geistigen Welten wenigstens von ferne ahnen läßt.

Für die Weisen und Erleuchteten liegen die Dinge anders: In der geistigen Welt ist immer alles zugleich gegenwärtig. Hier gibt es kein Hier und Dort, kein Vor- und Nachher, sondern nur immerwährende Gegenwart. Darum sehen sie, je wacher, desto klarer, auch Fernstes als nah und Künftiges als gegenwärtiges Geschehen.

So erklären sich die Prophezeiungen der großen Seher, die es nicht nötig haben, vom Vergangenen und Gegenwärtigen auf Künftiges zu schließen, weil sie wie von einer hohen Warte aus an allem Kommenden unmittelbar teilhaben und es als Jetzt wahrnehmen.

Die geistigen Welten

Die Fähigkeit der Schau der geistigen Welten ist an sich jedem Menschen eingeboren, aber in den meisten unentfaltet. Ihre planmäßige Entfaltung durch beharrliche Nachinnenwendung in Stille und Versenkung ermöglicht der Seele die stufenweise Selbstbildung. Sie wird ihrer Geistigkeit und ihrer Bürgerschaft in der geistigen Welt bewußt. Zugleich erkennt sie dann, wie vielseitig und wie innig Diesseits und Jenseits miteinander verknüpft sind.

Auch diese Zusammenhänge sind bisher aus Mangel an Wirklichkeitserkenntnis oft mißverstanden und mißdeutet worden. Darum ist hier zu betonen, daß es neben den durch eine mißleitete Imaginationskraft hervorgerufenen ›Geister‹ Erscheinungen auch echte Verbindungen mit der geistigen Welt gibt.

Wie wir Hilfsmittel kennen, die normale Sehkraft zu erweitern, etwa durch Lupe oder Fernrohr, so gibt es auch Hilfen für die Förderung des geistigen Sehens und der Wahrheitserkenntnis. Dazu gehören vor allem Stille und schweigende Versenkung.

Aber nicht alles ist schon Geist, was sich als Geist gebärdet und was man dafür hält. Zu den selteneren wahren Erscheinungen gehören die von Wesen, die nur den inneren Sinnen wahrnehmbar werden, soweit diese schon aktiv sind. Alsdann treten wir mit den geistigen Welten und ihren Bewohnern in mehr oder minder lebendige Verbindung.

Dazu wiederum ist jene Reinheit und Lichtheit der Seele Voraussetzung, die den Heiligen und Erleuchteten die Verbindung mit den geistigen Welten und höherentwickelten Wesenheiten ermöglicht. Ihre Gesichte sind keine Ausgeburten unbeherrschter Phantasie, Schöpfungen der Imagina-

tionskraft der Seele, sondern natürliche Folgen des Wachseins ihres inneren Gesinns und ihrer lauteren Gesinntheit.

Gedanken höherer Wesenheiten, die die der Menschen an Klarheit und Lichtheit weit übersteigen, werden von dafür aufgeschlossenen Seelen aufgenommen und so als Inspirationen zu Eigengedanken der Menschen. Mit ihren Kündungen sprechen sie wiederum jene an, deren Intuitionssinn bereits wach ist. Sie haben mehr oder minder lebendigen Umgang mit der geistigen Welt und stellen übereinstimmend fest, daß dies an sich jedem möglich ist, weil jeder seinem inneren Wesen nach selbst Geist ist und weil Gleiches auf Gleiches wirkt: Geist auf Geist.

Höhere Wesenheiten wirken ständig auf uns Verkörperte ein gemäß dem Grade der Wachheit und Aufgeschlossenheit der Seele. Wie wir im Traum sehen und hören und uns ohne gesprochenes Wort verständigen — nur durch Gedanken — so auch im Verkehr mit den Wesenheiten der geistigen Welten, die der gröberen Organisation körperlicher Sinne nicht bedürfen.

Und da es unter den jenseitigen Wesen ebensoviele Stufenfolgen der inneren Entwicklung gibt wie unter den Verkörperten, verbindet sich jeder den seiner Reife und seinem geistigen Rang entsprechenden Geistwesen.

Je edler und vollkommener der Mensch wird, desto näher ist er der geistigen Welt und den geistigen Helferkräften, desto bewußter gleicht er sich auf dem steilen Pfad zum Göttlichen den höheren Wesenheiten in der Stufenfolge der All-Entwicklung an, und desto mehr werden sie seines Glückes Teilhaber und Förderer.

Wenn wir uns hienieden zum geistigen Erkennen und Wollen heranbilden, bereiten wir unseren Seelenorganismus für den künftigen Zustand vor, der ihn nach dem Tode erwartet.

Unser wahres Wesen – der innere Mensch oder Geistmensch – wird durch den Tod nicht verändert. Im übrigen hängt unser Zustand in den künftigen Auftritten im Schauspiel des Lebens von unserem bisherigen und gegenwärtigen Denken und Verhalten ab.

Wir leben hier und heute in einem Zustand der Vorbereitung, Schulung und Prüfung, der auf die Fortdauer und Weiterentfaltung unseres Wesens nach dem Ablegen des Körpers abzielt und hinweist.

Wie die Wandlung der Raupe zum Schmetterling vollzieht sich auch unsere Wandlung, wenn wir die Körperschale durchbrechen und in eine neue größere Welt eintreten – als ein Wesen, das den Existenzbedingungen der größeren Wirklichkeit der geistigen Welten angepaßt ist.

So ist der Tod ein Wandlungsprozeß, durch den wir in eine neue Szene und Szenerie des Lebens versetzt werden. Wir dürfen dabei davon ausgehen, daß der Umkreis unserer Erkenntnis und unserer Fähigkeiten alsdann weit größer ist als während unserer Verkörperung.

Sterben heißt hier damit aufhören, mit Körpersinnen und Ichbewußtsein wahrzunehmen und zu handeln, und ›drüben‹ anfangen, anders, vollkommener zu sehen und zu erkennen. Wir entdecken in uns eine neue Organisation mit höherer Aufgeschlossenheit und Empfänglichkeit, wenn wir die Außenhülle unserer Leiblichkeit abgelegt haben und in das Innere der Welt eintreten.

So gesehen ist Sterben hier ein Wiedergeborenwerden

drüben, wie das Sterben drüben hier Geborenwerden ist. Wir hören unter einer Gestalt auf, um in einer neuen zu erscheinen und weiterzuwirken.

Das Sterben ist nichts als der Übergang von einer Art, die Dinge zu sehen, zu einer anderen, vollkommeneren — eine Höherwandlung, ein neuer Schritt auf der Stufenleiter der Veränderungen. Nach Ablegen der Körperhülle hindert uns nichts mehr an der Betätigung der Lebenskräfte unseres innersten Selbst.

Dieses unser Selbst ist seiner Natur nach ein Einfaches, Unteilbares, das vom Zerfall unseres vielfach zusammengesetzten Körpers ebensowenig berührt wird wie das Vermögen, weiterhin zu denken, zu fühlen und zu handeln, glücklich oder unglücklich zu sein. Wir bleiben der großen Kette der Wesen und Dinge im Kreislauf des All-Lebens weiterhin als notwendiges Glied des Ganzen verbunden.

Das unmittelbar Beglückende für jedes Wesen, das sich aus der Körper-, Raum- und Zeitgebundenheit gelöst hat, ist das Innewerden seiner Unvergänglichkeit.

Die vom Körper befreite Seele fühlt, daß ihr irdisches Dasein nur die Kindheit ihrer Existenz war und daß ihr jetziges Sein die Fortsetzung ihres Lebens unter neuen Bedingungen ist, die ihrem Wesen gemäß sind und ihre weitere Entwicklung begünstigen.

Wer das einmal erkannt hat, der sorgt sich um den Tod so wenig wie um den Schlaf. Wie er als Sohn des Himmels durch die Geburt ins irdische Dasein eintrat und in der irdischen Übungs- und Prüfungsstätte um sich und über sich zu schauen lernte, so wird er, zu sich selbst erwacht, das Sinnendasein gelassen verlassen. Er wird sich gern an die irdischen Auen erinnern, auf denen er als Kind der Unsterblichkeit spielte, als einer Schule, in der er durch freud- und leidvolle Erfahrungen zum Reiferwerden erzogen wurde. Aber ebenso gern setzt er, frei geworden, seine Wanderung fort, ohne sich um Ort und Umstände seines neuen Seins Sorgen zu machen.

Denn er weiß dann: *Ich, als Seele, als Geist, als Selbst, bin unsterblich, weil mein Wille und mein Wesen Leben ist, das immer ist.*

Alles in der Natur- und Geistes-Welt lebt. Und alles lebt immer. Die innere Kraft jedes Wesens ist Lebenskraft und als solche wie alle Kräfte unvernichtbar. Zugleich strebt alles Sein nach Vervollkommnung. Alles schreitet seiner höchsten Bestimmung entgegen — das eine Wesen schneller, andere langsamer. Jedes Wesen wählt und bahnt sich seinen eigenen Weg, schafft sich seine eigene Umwelt, seine Sphäre tätiger Selbstentfaltung.

So sind tausend Umwelten in einer Welt einbeschlossen, auch wenn jedes Wesen nur seine eigene Umwelt für wahr nimmt. Für den Tieferblickenden ist alles miteinander schicksalhaft verbunden. Und alles ist nur Übergang. Vor seinen Augen verschwinden die Grenzen. Er erkennt, daß das Universum ein lebendiges Ganzes ist und wie jedes Wesen mit dem Geist des Ganzen unlösbar verbunden ist.

In und über allen Welten diesseits und jenseits waltet eine Gottheit. Darum gibt es nur einen Weg zur Wahrheit, zur Vollkommenheit, zur Glückseligkeit — auch wenn dieser Weg für jedes Wesen seiner Reife entsprechend anders aussieht.

Wer dieses Eine, die *Glücks-Formel*, gefunden hat, besitzt damit alle Weisheit in einem einzigen Buch, alle Kräfte in einer Kraft, allen Reichtum in einem Schatz und alle Seligkeiten in einem einzigen Gut: im Einssein mit Gott.

Die Glücks-Formel

Je höher der Mensch sich entwickelt, je weiser er wird, je mehr er sich der Gottheit nähert, desto umfassender werden seine Einsichten und Erkenntnisse, desto lichtere Inspirationen und Intuitionen schöpft er aus dem Urquell der Weisheit und desto vollkommener wird sein Vermögen der Selbstführung und Beglückung seiner selbst wie der Wesen um ihn.

Die Glückseligkeit des Menschen beruht auf der immer bewußteren und umfassenderen Erkenntnis und Betätigung des Wahren und Guten. Bloße Kenntnis ist hier wertlos. Es gibt unzählige philosophische und religiöse Sekten und Geheimgesellschaften, die zwar viel vom Guten und Wahren reden, aber ohne es zu tun. In Wahrheit brauchen keine immer neuen Pläne zur Besserung, Vervollkommnung und Beglückung des Menschengeschlechts gesucht und entworfen zu werden. Es genügt, die vollkommenen Grundsätze des Christentums und jeder Religion in die *Tat* umzusetzen, um zu beglückenden Erfahrungen und Fortschritten zu gelangen.

Für den Weisen ist es schon Glückseligkeit, da zu sein und das Gute nicht nur denken, sondern auch tun zu können. Eben dies erfüllt sein Herz beständig von neuem mit göttlicher Freude und mit dem Bewußtsein, daß er auf dem rechten Wege ständigen Fortschritts und Aufstiegs zum Göttlichen ist, auf dem er mit Sicherheit das Endziel erreichen wird.

Dies Gewißsein gibt ihm Überlegenheit in widrigen Lagen und läßt ihn gelassen das Rechte tun, wobei er der Weisheit des Herzens und den Weisungen seines Gewissens folgt. Das Bewußtsein wachsender Glückseligkeit inspiriert und erfüllt ihn mit erhöhtem Wagemut und Selbstvertrauen gegenüber dem Schicksal und befähigt ihn zu außergewöhnlichen Leistungen, Fortschritten und Erfolgen.

Gewiß haben dies bisher immer nur Einzelne erreicht. Aber es ist alles Lebendigen Bestimmung, stufenweise Gleiches und noch mehr zu erreichen. Jeder muß nur seine ihm eingeborenen besonderen Kräfte und Fähigkeiten zu entfalten lernen. Denn nur solange das nicht geschieht, wallt seine Seele weiter von einem Körper in den anderen — bis er sich von der Notwendigkeit der Wiederkehr zu lösen lernt und durch Wiedergeburt frei wird.

Willst du zu höchster Glückseligkeit gelangen, dann trachte als erstes nach der Dreiheit von *Wahrheit, Weisheit und Liebe.* Diese drei findest du am ehesten auf dem Wege nach innen, zu deinem wahren Selbst: *Christus* als Träger und Erbe des Göttlichen in dir.

Suche darum Christum mit allen deinen Kräften und von ganzem Herzen. Dadurch entsteht der lebendige Glaube, der bewirkt, daß du in deinem Innern alles das durch eigene Erfahrung als wahr und wirklich erkennst, was du bisher als Botschaft der Religion vernommen und in kindlichem Vertrauen geglaubt hast oder auch nicht mehr glaubst.

Wenn dein Herz durch den lebendigen Glauben Christum in sich aufgenommen hat und lebendig macht, wird das Licht der Welt in deinem Herzen geboren werden. Alsdann offenbart sich dir der Weg zur Glückseligkeit als die Bahn des Fortschritts zu immer höheren Vollkommenheiten und zum schließlichen Einswerden mit dem Geist der Gottheit.

Je näher der Mensch in seinem Denken, Verhalten und Tun der Drei-Einheit der Wahrheit, Weisheit und Liebe kommt, bis er schließlich mit ihr eins wird, desto mehr übertrifft er die Wesen, die im Stufengang der Vervollkommnung neben, hinter oder unter ihm stehen. Je näher er der Sonne der Wahrheit kommt, desto heller wird er durchlichtet und damit auch für seine Mitgeschöpfe ein lichter Wegweiser zum Gipfel der Vollendung.

Wahre Glückseligkeit besteht darin, sich dem Unendlichen Geist der Gottheit zu nähern und anzugleichen, sich in Stille und Kontemplation ganz in ihn zu versenken und mit ihm eins zu werden, bis man gänzlich vom göttlichen Geist erfüllt und damit zur Erfüllung des Sinns allen Menschseins gelangt ist.

In früheren Zeiten dienten die *Mysterien* dazu, den Menschen zur inneren Erneuerung und Selbstwerdung hinzuleiten. Ihr Ziel war der Wiederaufbau eines Tempels, in dem Wahrheit und Weisheit mit Liebe vereint sind und Gott im Menschen wohnt.

Die Mysterienlehrer versprachen den Neophyten den Zugang zu den Geheimnissen der Natur, des Lebens und Gottes, die damals nur Erbteil weniger Menschen werden konnten — zu Geheimnissen, die sich damals wie heute weder kaufen noch verkaufen noch auch öffentlich lehren lassen, weil für sie nur jene Menschen empfänglich sind, die von sich aus nach Wahrheit, Weisheit und Liebe ringen und in denen das Fundament dieser Drei-Einheit als Unterpfand aller Glückseligkeit bereits errichtet wurde.

Jene, in denen diese heilige Flamme der Einheit entfacht wurde, leben wahrhaft glücklich in Freiheit und Allgeborgenheit. Sie verurteilen, neiden und hassen niemanden. Sie suchen den Gefallenen aufzuhelfen, die Verirrten zurechtzuführen, den Bedrängten beizustehen, die Leidenden und Kranken an Leib und Seele zu heilen.

Sie durchschauen das Verworrene, erkennen die Wahrheit in allen Religionen in ihrer ursprünglichen Gemeinsamkeit. Sie sehen die Quellen des Aberglaubens wie des Unglaubens im Mangel an Erkenntnis und Weisheit.

Das scheinbare Dunkel mancher ihrer Lehren wie der Mysterien der alten Völker ist um der Schwachheit der Menschen willen da, deren Augen noch nicht den Anblick des vollen Lichts der Wahrheit zu ertragen fähig sind, sondern wie beim ungeschützten Blick in die Sonne erblinden würden.

Aber mit jeder Stufe aufwärts zu umfassenderer Einsicht

wird der Wahrheitssucher für mehr Licht aufnahmefähig und hellsichtig für den Schatz der geistigen Wahrheiten, den die Mysterien in Lehre und Schulung wahrnehmbar machen. Alsdann werden alle äußeren Zeremonien zu lesbaren Hieroglyphen innerer Wahrheiten.

Je näher der Neophyt auf dem von den Mysterien gewiesenen Weg zur Glückseligkeit sich selber kommt, je tiefer er in sein Innerstes eindringt und je williger er der Wahrheit, Weisheit und Liebe durch sein Handeln dient, desto mehr wächst seine Macht und Überlegenheit über die Dinge und Umstände der Sinnenwelt.

Jede neue Erkenntnis muß vom Willen geleitet und dem Guten dienstbar gemacht werden. Das wird nicht durch bloße Lehre bewirkt, die man hört oder liest; die Kräfte der Seele entfalten und äußern sich erst in Taten und *Werken.* In ihnen flammt der Funke der Gottheit auf, das Feuer des Geistes, das verborgen in uns glutet.

Geheimnis der Wiedergeburt

Der größte Lehrer der Mysterien, Jesus Christus, hat im inneren Kreis der Jünger diese Wahrheiten verkündet und ihnen das Geheimnis der *Wiedergeburt* enthüllt.

Zunächst blieb ihnen dunkel, was er sagte. Sie konnten es noch nicht begreifen. Aber nach und nach gelangten einige von ihnen durch die tätige Nachfolge Christi zur Erleuchtung. Sie befreiten sich von den Fesseln, die ihr unsterbliches Wesen gefangenhielten, und lernten, die unterdrückten Kräfte in Freiheit zu setzen.

Dazu und zur hienieden schon möglichen Einswerdung mit dem Göttlichen ist im inneren Menschen alles vorbereitet. Wenn der Wahrheitssucher den Weg zur Glückseligkeit betritt, die Glücks-Formel befolgt, wird er durch die Wahrheit geleitet, durch die Weisheit erleuchtet und durch die Liebe geheiligt.

Sein Wesen wird von Grund auf erneuert. Bisher unbekannte Kräfte entwickeln und betätigen sich in ihm, die ihn instand setzen, mit Leib und Seele zu einem lebendigen Tempel des Geistes zu werden.

Wiedergeboren, wird er Herr der Natur und seiner selbst Meister im Umgang mit höheren Welten und mit dem Ewigen.

In dem, der durch die Wiedergeburt die Freiheit der Kinder Gottes erlangt hat, ist Gott Mensch geworden. Der Himmel vereint sich mit der Erde und bewirkt, daß die Erde zum Himmel wird.

Damit diese Geburt und Entfaltung des Himmlischen Menschen in uns erfolgen kann, ist jene Erneuerung unseres Wesens, die wir Wiedergeburt nennen, unerläßlich.

Geboren werden heißt in die Welt der Sinnengebundenheit eintreten, in welcher Wahrheit, Weisheit und Liebe in den Banden der Ichheit schmachten.

Wiedergeboren werden heißt in eine Welt zurückkehren, in der der Geist der Wahrheit, der Weisheit und der Liebe herrscht und der Tiermensch dem Geistmenschen gehorcht.

Diese Wiedergeburt ist eine dreifache: sie bedeutet die Wiedergeburt unserer göttlichen Vernunft, unseres Willens und Herzens und schließlich unseres ganzen Wesens. Viele Wahrheits- und Gottsucher sind im Geist und Willen Wiedergeborene und Gottfinder geworden. Einzelne haben diese Wiedergeburt auch körperlich erfahren mit der Folge, daß sie zu schon äußerlich als solche erkennbaren Sehern, Propheten und Gotteskündern wurden.

Diese Wiedergeburt ist die Erfüllung und die Erreichung des erhabenen Ziels aller wahren Magie. In ihr klären sich alle Dinge, beantworten sich alle Fragen, die dem Verstand unlösbar bleiben. Wer in Christo wiedergeboren ist, hat den alten Menschen überwunden und den neuen Menschen aus sich entfaltet, der aus dem Geiste lebt und sich im Reiche Gottes daheim und geborgen weiß.

Von da an beherrscht der Geist die Materie. Der Mensch ist seiner Ewigkeitsbestimmung bewußt. Er denkt dann schon in der Zeitlichkeit, wie er in der Ewigkeit denkt. Er ist sich all dessen bewußt, was ihm in der Ewigkeit bewußt ist. Und er liebt schon hier das, was ihn in der Ewigkeit beglückt.

Diese himmlische Gesinntheit ist die glückselige Lebensform derer, die in Christo wiedergeboren sind.

Nur der Hang zum Wahren und die Liebe zum Guten führen den Menschen zur Weisheit.

Weisheit ist ein Hauch göttlichen Allwissens, ein Strahl aus dem ewigen Erkenntnislicht der Gottheit.

Wer Weisheit wahrhaft sucht, wird sie finden. Und wenn er Weisheit mit Liebe paart, gelangt er zum Leben aus dem Geiste.

Das Erbe der Weisheit ist Vernunft in ihrem höchsten Aspekt, das der Liebe ist der Wille. Durch beide wirkt sich der Geist Gottes im Leben der Seele aus. Nie kann der Glückliche der Vorsehung genug dafür danken, daß sie ihn in ein solches Verhältnis setzte, das dem Wachstum seines geistigen Lebens so günstig ist wie ein fruchtbarer und milder Frühlingshauch einer keimenden Blume. Und nicht genug kann er dem Unendlichen danken, wenn die Keime schädlicher Neigungen schon früh aus seinem Herzen entfernt wurden.

Der Erste unter Gleichen ist der, der am vollkommensten zum göttlichen Werk geeignet ist und dies durch sein Handeln beweist.

In der universalen Gemeinschaft der Weisen kann kein Mitglied ein anderes wählen. Diese Wahl behält sich der Geist Gottes selbst vor. Berufen zwar sind alle Menschen, aber nur die von Gott Gerufenen sind reif und fähig zum Betreten des Allerheiligsten im Tempel der Weisheit.

Trotzdem kann jeder den Eingang des Allerheiligsten suchen; denn er ist *innen*, nicht irgendwo außen. Und jeder, der im Innern ist, kann anderen helfen, ihren eigenen Eingang zu suchen und zu finden. Aber solange einer nicht reif ist, wird er nicht ins Innerste gelangen. Wer hingegen reif geworden ist, schließt sich der Gemeinschaft der Weisen an — vielleicht da, wo er es am wenigsten erwartet oder wo er selbst noch nichts davon weiß.

Reif zu werden, muß das Bemühen jedes Wesens sein, das die Weisheit liebt. Es gibt viele Mittel und Wege, dazu zu gelangen. Es sind die Mittel und Wege der natürlichen Magie, des rechten Denkens, Handelns und Lebens.

Nur Narren suchen den Weisen das Geheimnis der Glückseligkeit mit List oder Gewalt zu entreißen, während der Besonnene es zu verdienen trachtet, indem er sich dafür empfangswürdig macht durch die eben erwähnten Mittel.

Narren sind Fischer nach Geheimnissen, die nichts als Unrat fangen, während der Besonnene hastlos das findet, wonach sein Herz sich sehnt.

Narren angeln mit Netzen nach Weisheit und Glückseligkeit, damit sie das Gefangene auf den Markt tragen können, um es als seltenes Gut anzubieten. Der Besonnene bedient sich keines Instruments, um die Wahrheit zu gewinnen: er sucht mit forschenden Augen, gutem Willen und redlichem Herzen — und wird eben darum zum Finder.

Er erkennt, was alle Weisen lehren: daß der Mensch zur Engelreinheit gelangen muß und gelangen kann, um zur Aufnahme des göttlichen Geistes fähig zu werden. Dann wird die Religion ihm heilig, alle Geheimnisse werden ihm offenbar, alle Wunderwerke begreiflich, die Wesen reinerer Art durch Ausströmung und Betätigung der göttlichen Kräfte bewirken.

Glücklich jene, die schon in früher Jugend unter guten und edlen Menschen, gar unter Weisen, aufwuchsen, die ihre kindlichen Schritte lenkten und den Samen des Guten in ihr Herz legten!

Glücklich auch, wer zum Vollmenschen heranreift, der nicht über das Göttliche grübelt, sondern durch Betätigung seiner Glaubenskraft an Erfahrung und Erkenntnis zunimmt und durch sein Beispiel auch andere mitreißt!

Er demonstriert zugleich, was es bedeutet, wenn Wahrheit, Weisheit und Liebe als Kennzeichen der *Menschlichkeit* alles Denken und Handeln leiten, durchlichten und mit Leben erfüllen.

Das geschieht, wenn wir es wagen, unsere Vernunft, unseren Willen und unser Tun der ewigen Ordnung der Einheit zu unterstellen und wenn wir mit dem Urprinzip des guten *einen* Willen haben. Dann erweist sich das Herz als das innere Heiligtum der Weisheit, das vom Geist der Gottheit erfüllt ist.

Zu allen Zeiten gab es Menschen, die als Weise lebten, und Gemeinschaften von Weisen, auch wenn diese nie als solche hervortraten. Wo sich hingegen *äußere* Gemeinschaften bildeten, bestanden diese, weil sie nur den Abklatsch der Wahrheit zu vermitteln vermochten, immer nur so lange, als innere Gemeinsamkeit sie zusammenhielt. Sobald aber die äußere Gemeinschaft sich von der inneren Gemeinsamkeit löste und den Tempel der Weisheit zu einem politischen Gebäude umgestalten wollte, schwand die Gemeinsamkeit und es blieb nichts als der tote Buchstabe.

Nur in der *inneren* Gemeinschaft, die keiner äußeren Bindungen bedarf und sie nicht kennt, findet das Herz Weisheit — und mit ihr jene, die ihm geistig verwandt und nahe sind.

Die universale Gemeinschaft der Weisen und Eingeweihten ist keine »geheime Gesellschaft«, deren Mitglieder sich zu gewissen Zeiten versammeln, ihren Vorstand wählen und sich bestimmte Aufgaben stellen. Ihr einziges Oberhaupt ist *Gott*, und schon auf dem Wege zum Tempel wird jeder zum Weisen, dessen Glück das Glück aller ist, dessen Zufriedenheit die Vervollkommnung aller Wesen ist.

Der erhabenste Lehrer der Weisheit und größte Eingeweihte war Jesus Christus. Er wurde zur Verkörperung der Einheit von Wahrheit, Weisheit und Liebe:

Als *Wahrheit* ist er der Quell rechter Gesinntheit und der Vernunft, als *Weisheit* der Quell der rechten Erkenntnis und des inneren Lichts, und als *Liebe* der Quellgrund rechten Wollens und Handelns.

Als Universalregenerator verkündete er jene Urwahrheit, durch deren Befolgung der Tiermensch seine Würde als Geistmensch wiedererlangen kann.

Als Weltenlehrer vermittelte er seinen Jüngern jene Urweisheit, die sie befähigte, die Kette der inneren Licht-Gemeinschaft der Weisen fortzusetzen.

Als der größte Liebende enthüllte er den Weg zur Glückseligkeit, der jedem Wesen offen steht.

Sein Beispiel war tätige Liebe, Sanftmut sein Lebenswandel, Güte jede seiner Handlungen. Er lehrte Besinnlichkeit und Besonnenheit, Demut, Mäßigkeit und Zufriedenheit.

Letztlich kennzeichnet immer der Umfang der tätigen Menschenliebe den Grad, bis zu welchem ein Hörer oder Leser ihm, seinem Lehrer, nacheifert und ähnlicher wird im Denken und Handeln.

Jünger und Nachfolger dieses wahren Lehrmeisters menschlicher Glückseligkeit fanden sich zu allen Zeiten und finden sich weiterhin überall in der Welt. Ihre tätige Liebe macht sie einander erkennbar. Ihr Wirken ist Zeugnis ihrer Liebe zu Gott und dem Nächsten und ihres Bemühens, ihr Herz zum Tempel der Gottheit zu machen.

Ihr Leben macht deutlich, wie Christus sich alle Kräfte der Seele zu Dienern seiner Offenbarwerdung in uns wählt, wie er unsere Unwissenheit besiegt, unsere Blindheit beseitigt, das Tote in uns lebendig macht und uns in den Geheimnissen unterweist, bis er uns schließlich zur vollen Regeneration und Wiedergeburt befähigt.

Wir folgen ihm und dienen seiner Selbstoffenbarung in uns, wenn wir in allem auf ihn sehen, uns bei unserem Denken und Handeln nach seiner Weisheit und seinem Willen richten, also bedachtsam so denken und handeln, wie Er in uns denken und handeln würde.

Wenn wir seine Gesinntheit, seine Weisheit und Liebe zum Leitstern unseres Wollens und Wirkens machen und jeden Gedanken abweisen, der nicht *sein* Gedanke ist, unser ganzes Wesen nach seinem Geiste ordnen, strahlt früher oder später ein neues Licht auf, das uns in wachsendem Maße von innen her erleuchtet und zum Einssein mit dem All-Willen verhilft, so daß hinfort nur noch *ein* Sinn, *ein* Herz, *ein* Wille ist: der Wille des neuen Geistmenschen, in dem der Glaube zur Wahrheitsschau und Wahrheitsverwirklichung wird.

In dieser Wandlung liegt das höchste Geheimnis aller Mysterien und der letzte Sinn aller Religion.

Sinn und Ziel aller Religion ist die Einung der Menschen mit Gott, die schon hier und jetzt statthaben kann und zugleich die Erlangung der höchsten Glückseligkeit bedeutet.

In jedem Menschen liegt der Drang zur Annäherung und Angleichung an das Vollkommenere, der Zug zur Einheit. Jedes Herz hat ein seinem jeweiligen Entwicklungsgrad gemäßes einmaliges Verhältnis zur Religion und zum Göttlichen — einerlei, ob ihm das schon bewußt ist oder ob es noch verkannt und geleugnet wird. Die Helle dieses Verhältnisses richtet sich nach dem Grad der Seelenwachheit, die wiederum Maßstab des Werts, der Vollkommenheit und der Glückseligkeitsstufe eines Menschenwesens ist.

Das Sehnen nach dem Urquell allen Seins, das Ahnen der inneren Gegenwart Gottes, die *innere Religion* läßt sich nur fühlen. Worte können sie nicht ausdrücken. Aber es ist gewiß, daß kein Erdenglück jene Seligkeit erreicht, die bei der Berührung mit dem Göttlichen im Seeleninnersten aufflammt. Man fühlt sich dabei dem Göttlichen tief innerlich unmittelbar nahe und entsinkt in Anbetung. Aber dieses Erleben der göttlichen Gegenwart ist stumm. Was hinterher darüber ausgesagt wird, ist nur noch schwacher Abglanz der erlebten Licht- und Erkenntnisfülle.

Im Schoße der Religion ruht das unverlierbare Pfand der göttlichen Liebe, das dem zuteil wird, der mit aufrichtig hingegebenem Herzen Unterweisung und Belehrung sucht und zu wissen begehrt, was er werden und sein soll.

Doch nur wer in einsamen stillen Stunden über die Wahrheiten der Religion nachsinnt, wird ihr himmlisches Gefühl und ihre geheime Kraft erleben. Alsdann wird das Geschenk der Gottheit, der Glaube, sein Werk befestigen und zur Erfüllung führen.

Religion ist für die Seele das, was das Licht für das Auge ist. Ohne sie wandelt der Mensch im Finstern. Aber sein Herz kann sich jederzeit, wie sein Auge, dem Lichte öffnen und an seiner Fülle genesen. Dann wird die gestörte Harmonie zwischen dem Menschen, dem Universum und Gott wiederhergestellt und der Mensch wird zu einem glücklichen, das Gute denkenden und wirkenden Glied in der Kette der ewigen Wesen.

Gott wird ihm zur Kraft aller Kräfte, zur Seele aller Seelen, zum Geist der Liebe, der zugleich der Geist der Wahrheit und Weisheit ist. Er erkennt in Gott den Urquell aller Gedanken und die Denkkraft selbst. Was sie wirkt, ist Leben.

So erkennt jedes Herz, das einmal von einem Funken der Wahrheit, der Weisheit, der Liebe, des ewigen Lichts berührt und durchstrahlt wurde, früher oder später diese Grundformel allen Glücks:

Es ist ein Gott, ein erster Ursacher allen Werdens und Seins.

Nicht Worte, nicht Dogmen und Systeme lehren den Weisen, *daß* Gott ist und *was* er ist. Sein innerer Sinn, sein erwachendes Herz fühlt die göttliche Gegenwart und zieht ihn zu ihr hin. Und je williger er seinem inneren Genius folgt, desto gott-gewisser und glück-seliger wird er.

Lerne Gott erkennen, indem du dich ihm in Stille und Schweigen innerlich zuwendest – und alles ist gut! Schon beim Nennen des Namens ›Gott‹ wird Friede in deinem Herzen aufflammen, bist du doch deinem Wesen nach auf Gott hin angelegt und unlösbar mit ihm verbunden.

Ebenso tritt Gott dir in allen Geschöpfen entgegen, in Mensch, Tier und Pflanze. In der ganzen Natur steht überall Gottes Name, in allem spiegelt sich sein Wesen.

Aber wie sehr haben die Menschen das Bild seines Wesens verzerrt und entstellt! Knechtische Furcht vor einer unbe-

kannten Macht gaukelte ihnen das Zerrbild eines persönlichen Gottes vor, dessen allzu menschliche Züge zeigen, daß er keiner ist.

In Wahrheit ist Gott Geist und als solcher die unendliche Macht des Guten, die alles mit Weisheit lenkt und aller Wesen Wohl mit Liebe umhegt.

Gott ist Geist und Licht und Liebe, und wer sich ihm als dem Mittelpunkt aller Wirklichkeit nähert, nimmt an seiner Lichtheit und Liebe teil, eint sich seinem Wesen und wird in gleichem Maße zu einem würdigen Werkzeug göttlichen Willens.

Wenn wir uns in der Stille in die erhabene Majestät der Gottheit versenken, erleben wir, welche Kraftfülle uns aus solchem Denken zuwächst.

Jeder Gedanke, der aus der Seele zur Gottheit emporschwingt, verhilft zur Annäherung an das Wesen des Schöpfers, bedeutet Hinwendung zum Licht, deren Folge fortschreitende Erleuchtung ist.

Jeder Gedanke, der sich mit Gott beschäftigt, um das Wesen Gottes kreist, entschlüsselt Geheimnisse des Allgeistes, der von sich sagen kann: *Ich bin, der Ich bin!* oder: Ich bin der da war, der da ist und der da sein wird. Er enthüllt aber gleichzeitig, daß wir Menschen Kinder des All-Geistes sind, Träger seines Geistes, und daß darum auch wir von uns sagen können, daß wir waren, sind und sein werden.

Wir waren seit je! Bedenke, seit wann unsere Erde besteht oder unsere Sonne, die einen Anfang hatte und vor der andere Sonnen, andere Welten den Ruhm der Gottheit verkündet haben mögen . . . Als Geist und Träger göttlichen Wesens sind wir älter als die Erde, die Sonne, die vergängliche sichtbare Welt, so unvorstellbar manchem der Gedanke auch erscheinen mag.

Das Reich Gottes ist ein universales Reich der Wahrheit, der Weisheit und der Liebe. Es offenbart sich im Menschen als innere Wirklichkeit und wird nach und nach durch den Geist Christi in uns auch in der äußeren Welt seine Widerspiegelung erfahren in dem Maße, wie die menschliche Natur sich zu ihrer höchsten Vollkommenheit entwickelt. Alsdann wird die kranke und zerrissene Menschheit von ihren Gebrechen geheilt und geeint sein.

Das Reich Gottes unterscheidet sich von der sinnenhaften Zeitlichkeit und Räumlichkeit dadurch, daß in ihm schon alles Mögliche und Vollkommene da ist, während es in der Raumzeitlichkeit erst werden muß. Da die Unveränderlichkeit das Wesen der Gottheit ist, sind alle möglichen Vollkommenheiten schon in ihm gegenwärtig. Und wir werden im Maße unserer Gottannäherung Teilhaber dieser unvergänglichen All-Vollkommenheit und All-Fülle der Gottheit.

Seit je gab es Menschen, die zur Erleuchtung und lebendigen Teilhabe an dieser All-Vollkommenheit gelangten. Sie bilden eine zeitlose Lichtgemeinde der Weisen und Vollendeten, die von Anbeginn an bestand und bis zum letzten Tage dauern wird.

Diese Lichtgemeinde ist in einer Unsichtbaren Kirche geeint — in einem All-Dom, in dem der Geist der Wahrheit, Weisheit und Liebe alle nach Licht Verlangenden mit seinem Wesen erfüllt und heiligt.

Alle Geheimnisse und Wunder der Natur und des Lebens haben in dieser Unsichtbaren Kirche für die Kinder des Lichts ihre Stätte: vollkommene Naturerkenntnis, Menschenkenntnis und Gotterkenntnis.

Aus dieser Unsichtbaren Kirche kommen alle Wahrheiten in die Welt. Sie war und ist Schule und Heimstatt aller

Propheten und Wahrheitslehrer. Sie ist der Ausgang der Gemeinschaft der Heiligen, deren Glieder sich über alle sichtbaren Welten erstrecken, die aber innerlich im einen Geist der Wahrheit beisammen und eins sind.

Zu allen Zeiten und auf allen Welten erleuchtet der Geist Gottes die Lichtfähigsten und bedient sich ihrer als Mittler, die göttliche Wahrheit und Weisheit, die Liebe und das Licht der jeweiligen Empfänglichkeit der Wesen gemäß zu vermitteln.

Gott und die Natur haben keine Geheimnisse für ihre Kinder. Das Geheimnis liegt lediglich in ihrer Schwäche, die noch nicht fähig ist, das Licht und den Anblick der Wahrheit zu ertragen und die Wirklichkeit in ihrer Universalität zu erfassen.

Von daher versteht es sich, daß das innerste Heiligtum von den äußeren Formen getrennt ist und daß es von denen angefeindet wird, die nur bis in den Vorhof der Unsichtbaren Kirche gelangten. Aber es kommt die Zeit, wo das innerste Heiligtum allen offenbar werden wird und wo jene, die noch im Vorhof des Tempels weilen, eintreten können. Alsdann werden sie die Inschriften über dem Eingang des Tempels lesen und verstehen:

»Aller Wesen Bestimmung ist es, der Einheit teilhaftig zu werden. In jedem Wesen liegt die Kraft, zur Einheit aufzusteigen und zur Vollendung zu gelangen.«

Wenn du – wer du auch bist und wo immer du stehst – den Hang in dir fühlst, dich der Unsichtbaren Kirche zu nahen, in sie einzutreten, in ihr dich selbst und die Wunderwerke der Schöpfung zu erkennen und zu begreifen, dann sieh dich nicht im Licht der Gottheit, bevor du nicht innerlich rein und lauter bist wie Kristall, damit die Flamme des Lebens am Altar der Unsichtbaren Kirche nichts Vernichtbares in dir finde.

Dann bist du auf dem Wege, wie alle Vollendeten vor dir ein Träger des Urlichts der Gottheit zu werden.

*

Der Tatchrist findet — wie die Bekenner jeder anderen Religion, die ihren Glauben leben — den Weg zur Vollendung und Glückseligkeit ohne fremde Führung und Hilfe in seinem eigenen Innern. Er braucht nur der Glücks-Formel zu folgen:

Liebe Gott über alles und deinen Nächsten wie dich selbst!

Liebe zu Gott und zum Nächsten als deinem anderen Selbst ist das Willensmotiv aller Erwachten. Und die Wesenheit der Liebe selbst ist Christus in uns.

Wir nähern uns heute der Zeit, da der Geist den Buchstaben lebendig macht, wo die Wolke verschwindet, die das Heiligtum verbarg, wo der Vorhang sich teilt, der das Allerheiligste verhüllt.

Die dunkle Nacht der Gottesferne weicht einem neuen Weltenmorgen, in dessen Licht das Geheimnis der Gottheit für alle sichtbar wird.

Die Zeit ist nicht mehr fern, da der Bau der Unsichtbaren Kirche, der All-Dom der Weltengottheit, vollendet wird, der in der Vereinigung des Menschen mit der Natur und mit Gott besteht. Die Führer der Menschheit werden Erleuchtete sein, die ihre Brüder und Schwestern auf den lichten Pfad der Weisheit und Liebe leiten werden.

Wir nähern uns Schritt um Schritt dem Reich der Wahrheit, Weisheit und Liebe, dem Reiche Gottes als der Fülle allen Lichts, aller Vollendung und aller Glückseligkeit — dem Reich der Einheit von Außen und Innen, Unten und Oben, Mensch und Gott. —

Unendliche Gottheit, die du ins Innerste meines Herzens siehst und weißt, wie innig nahe mir das Wohl aller Wesen geht — möge der Strahl deines Lichts den Sinn offenbaren, den ich hier in irdische Worte hüllen mußte, damit die Wahrheit denen, die mir zuhören, offenbar werde in ihrer reinen Lichtheit und Weisheitsfülle, wie sie von dir ausgeht!

*

Weitere lieferbare Bücher von K. O. Schmidt:

Bhagavad Gila – Das hohe Lied der Tal.
148 Seiten, kartoniert

Brücken der Einheit von Ost und West – Ramakrishna, Vivekananda und Omkar als Lehrer eines neuen Denkens, 144 Seiten, kartoniert

Das Abendländische Totenbuch (Bd. I) – Und der Tod wird nicht mehr sein
264 Seiten, Efalin gebunden

Das Abendländische Totenbuch (Bd. II) – Wir leben nicht nur einmal
432 Seiten, Efalin gebunden

Der kosmische Weg der Menschheit – Im Wassermann-Zeitalter
120 Seiten, kartoniert

Der Rosenkreuzer-Weg zur Selbstverwirklichung – Sei du selbst
172 Seiten, kartoniert

Die Goldene Regel – Das Gesetz der Fülle
87 Seiten, kartoniert

Die Religion der Bergpredigt – Grundlage rechten Lebens
200 Seiten, Efalin gebunden

Dreistufenweg zum Gral
72 Seiten, kartoniert

Du bist begabter als du ahnst – Anleitung zur Entfaltung latenter Talente
216 Seiten, kartoniert

Erfolgsdynamik – Der Schlüssel zum Glück
256 Seiten, kartoniert

INSPIRATION – Geheimnis, Sinn und Erfahrung – Ein Mabel-Collins-Brevier, 96 Seiten, kartoniert

In Dir ist das Licht – Vom Ich-Bewußtsein zum kosmischen Bewußtsein, Leben und Lehren von 49 Mystikern, 392 Seiten, Efalin gebunden

In Harmonie mit dem Schicksal – Wege zu neuem Menschentum
188 Seiten, kartoniert

Kinder des Kosmos – Friedrich von Schillers »Theosophie des Julius«
112 Seiten, kartoniert

Kraft durch Atmen – Einführung in die Praxis des bewußten Vollatmens, 108 Seiten, kartoniert

Lebe bewußt – Die Lehre vom Tao
96 Seiten, kartoniert

Macht der Mütter – Wege zu ihrer Verwirklichung
124 Seiten, kartoniert

Mehr Macht über Leib und Leben – Wegweiser zu geistiger Selbsthilfe
128 Seiten, kartoniert

Meister Eckeharts Weg zum kosmischen Bewußtsein – Ein Brevier praktischer Mystik, 204 Seiten, Efalin gebunden

Selbsterkenntnis durch Yogapraxis – Patanjali und die Yoga-Sutras
160 Seiten, kartoniert

Seneca – Der Lebensmeister
120 Seiten, kartoniert

So heilt der Geist – Wesen und Dynamik des geistigen Heilens
288 Seiten, kartoniert

Tao Teh King – Wegweisung zur Wirklichkeit
224 Seiten, Efalin gebunden

Thomas-Evangelium – Geheime Herren – Worte frühchristlicher Handschriften, 240 Seiten, Efalin gebunden

Universale Religion nach Vivekananda – Werden, Wesen, Wollen und Verwirklichung, 88 Seiten, kartoniert

Vorgeburtliche Erziehung – Kleinkind-Erziehung, Ehegestaltung
196 Seiten, kartoniert

Was ist Theosophie? – Wesen und Mystik der Theosophie, Ein Franz-Hartmann-Brevier, 136 Seiten, kartoniert

Wege zum Glück – Magie im Alltag
96 Seiten, kartoniert

Der Weg zur Vollendung durch Konzentration und Kontemplation
316 Seiten, Efalin gebunden

Wie konzentriere ich mich? – Konzentration leicht gemacht
124 Seiten kartoniert

Weihestunden der Seele – Herzgedanken für jeden Tag des Jahres, von J. F. Finck, Fra Tiberianus, J. C. Lavater und K. O. Schmidt, 384 Seiten, Efalin gebunden

Wunder der Willenskraft – Eine Willensschule für jedermann
232 Seiten, kartoniert

DREI EICHEN VERLAG
Etzstr. 43 a, D-8300 Ergolding